お茶会起業

居場所を作れば人が集まる！

大澤裕子

みらい PUBLISHING

はじめに

マイナスの状況でもお茶会×オンラインで大成功

お茶会と聞いて、あなたはどんなイメージを抱きますか？

ただおしゃべりしているだけでは？

リアルでは、会いにくい今の時代でお茶会なの？

女性起業家がホテルのラウンジでキラキラするなんて時代遅れじゃない？

いえいえ、お茶会をあなどってはいけません。お茶会こそ最強のビジネスツールです。

そして、このご時世だからこそ、オンラインも組み合わせた新たなお茶会の方法があります。


初めまして、大澤裕子（おおさわゆうこ）と申します。私はビジネスアドバイザーや起業塾の主宰者として、多くの方をサポートしてきました。その数は２０００人以上になります。

私がこの仕事を始めたのは、娘の病気がきっかけでした。

娘に生まれつき疾患があることが分かったとき、幾度にもわたる入院や手術に、私がこれまでのように働けなくなることは容易に想像がつきました。

わが子のことが心配で仕方がない気持ちはありながらも、終わりの見えない闘病生活に、私は社会での居場所のなさ、孤独感、収入の不安をずっと感じていました。

そんな折、ＳＮＳで同じような境遇にある方や先輩ママたちとつながることができたのです。交流を深める中で、気持ちを分かり合える人がいる、仲間がいるということがどれだけ大切なのかを痛感しました。

この出来事がきっかけとなり、事情があって働きたくても働けない人やライフステージに左右されやすい女性に対して、大切な人を守るための経済力のつけ方、タイムマネジメント、コミュニケーションの方法を伝える仕事を始めました。

どのような境遇にあっても、仕事ができる選択肢を増やし、働き方を自由に選べる、そんな世界を作りたいと思ったからです。

当時は娘の付き添いのため、月に一度しか外出することができませんでした。

そこで、限られた外出時間でお客様と交流するため、その一度のセミナーの前後でお茶会を行うことにしました。より効率化を考えたときの一つの策として、オンラインも導入。

オンラインお茶会を導入したことで、自宅にいながら多くのお客様と交流することができ、外出に制限がある中でも、売上をアップさせることができたのです。

外出ができないことはハンデだと思っていましたが、**どんな環境であっても、やり方次第で結果は出せる**と確信した瞬間でした。

その後、リアルとオンラインのお茶会を組み合わせながら、着々と売上を伸ばし、会社を法人化。社会活動では、ＮＰＯや行政とも協働できるようになりました。

コロナ禍以降、オンラインが当たり前となり、様々なサービスが急増しました。これは私たちにとって追い風です。商圏は広がり、オンラインでもサービスを完結できる世の中になりました。

外に出て仕事がしにくい環境にあった介護中や育児中の方も自宅で仕事ができます。これまで状況的に不利だと感じていた方が、他の方と肩を並べて事業を行うチャンスがここにあるのです。

もしかしたら、ネット上に、あなたの商品を必要としている人がいるかもしれません。

私のお茶会メソッドを取り入れた方の中には、会社を法人化したり、年商が数千万に成長した方もいらっしゃいます。

ゼロからビジネスをスタートした女性起業家の多くが、お茶会を活用してビジネスの仕組みを整え、売上を伸ばしています。

マーケティングは難しい？　自宅にいながら完結できる

お茶会を導入することで、みるみる成果が上がったのはなぜなのでしょうか？

それは、**お茶会の中でマーケティングができる**からです。

マーケティングとは、売りたいものをいかにして売るか、戦略を立て、市場調査をし、商品が売れる仕組みを構築することです。

・何か始めたいけれど、自分に何ができるのか分からない
・自分なりにがんばってみたけれど、行き詰まり感がある
・これから商品作りをしていきたい
・高額商品の販売にチャレンジしたい

こういった悩みや願望はマーケティングで解決できます。

マーケティングというと、なんだか特別な感じがして難しいと思う方も多いのではないでしょうか？

マーケティングを行うとき、集客から販売までの役割を把握し、それらをしっかりと行っていることが大切です。集客、ブランディング、販売導線、セールス、どれか一つうまくいっているだけでは、収益化までつながらないのです。

例えば、SNSからの集客はできたけど、それは一瞬で、すぐに集客に苦戦するようになったという話を聞きます。なぜ集客できなくなったのかというと、リピートする仕組みや新たな提案がなかったからです。それでは売上は立ちませんね。

お茶会では、参加者の話を聞くことでどんなものが求められているのか、どんな工程を踏めば売上につながるのかを知るだけでなく、自然な流れで集客から商品の販売までを行うことができます。

お茶会でお客様のニーズを汲み取れば、商品とターゲットを作ることができます。商品とターゲットができれば、どう売るのが良いのかいくつかパターンが見えてくるでしょう。誰に向けてどんなアプローチをするべきか組み立てられるはずです。

オンラインであれば、お客様と楽しみながら自宅で自然にマーケティングが完結します。

それぞれの役割をしっかりと行いながら、お客様に商品を購入していただき、喜んでもらうまでの流れをオンラインで完結させるので、自宅にいながら結果を出すことが可能になるのです。

お茶会で得られる効果はマーケティングだけではありません。

お茶会を使いこなすことで、**欲しい効果を得る**ことができます。

本書のメソッドは、私自身だけでなく、これから起業をスタートするという受講生や、集客はできるけれど収益化はこれからという受講生など、様々なステージの女性起業家とともに実践して結果につなげてきたものです。

その時々に見直しながら実際に取り組めるよう、書き進めていますので、慣れるまではいつもお手元に置いていただけると嬉しいです。

お茶会起業　居場所を作れば人が集まる！

お茶会が持つ可能性とは？

お茶会の事前設計をしましょう！ 27

Chapter 2

お茶会を実践してみましょう！ 79

感情ランク×あなたのビジネス進行度で現在地を知ろう

それぞれのお茶会3回の役割を使い分けよう！ 123

愛されコミュニケーション 157

Chapter
6

Epilogue

Prologue

お茶会が持つ可能性とは？

お茶会は、起業をスタートするために必要な要素がふんだんに盛り込まれているばかりか、ビジネスが軌道に乗った後も大いに活用できる可能性に満ちたメソッドです。

とても自然な流れで、かつ、お客様のご要望も取り入れながら、ビジネスを温めていくことができます。これまで苦戦してきた方こそ、希望を持ってお茶会を取り入れてみましょう。

具体的に、お茶会ではどんなことができるのでしょうか？　ここではお茶会が持つ可能性についてお伝えします。

見込み客ゼロからスタートできる

お茶会は、見込み客がいなくても始めることができます。

そもそも見込み客がいれば、集客の苦労はありません。あなたの商品に関心のある人がいれば、商品のお話をしてセールスをするというイメージがつくでしょう。

見込み客がいないということは、起業にとって最大の難点なのです。そのような状況のなかで新しい一歩を踏み出すとなると、躊躇してしまう人もいるかもしれません。

見込み客がいないなら、見込み客に育てようというのが私の考えです。今、まだ見込み客はいないと感じている方こそ、見込み客の定義を変えてみましょう。

お客様がニーズを認識する前に、対話を通して潜在的なニーズを引き上げることで、集客に苦労せず、ビジネスを軌道に乗せることができます。

既に興味のある人ではなく、興味を持つであろう人の興味度を育てるのです。今まで見込み客と意識していなかったけれど、体験してもらえば興味が湧く方や、お茶にお誘いできる方なら多いはず。友人やご近所さん、前の会社の同僚、交流会で出会った人、SNSを通じて…など、お茶になら誘うことができるのではないでしょうか。

まずは、市場に商品をいち早く出して、お客様と対話をすることが必要です。結果、商品力も成長し、これまで取りこぼしていた層が顧客になっていきます。

商品が明確に決まっていなくても、お客様のニーズから商品を作ることができる

商品はこれから作るという方、商品を作ったけれど自信がない方、セールスをしてみたけれど売れなかったので見直しが必要だという場合もあるでしょう。

どのケースであっても大切なのは、お客様の意見を聞きながら自分にできることを模索することです。くれぐれも自分の頭だけで決めてしまうことだけは避けてください。

なぜならその商品は、自分の頭の中だけで作った商品であり、お客様の心が動くものとかけ離れがちだからです。

商品設計で重要なのはお客様の欲しい未来像を設定し、そのために商品を作ることです。このことをベネフィット（顧客が商品やサービスから得られる効果や利益）と呼びます。これが不明確だと、売れるものも売れません。逆に言えば、お客様のお話を聞き、お客様が求めるものを形にすれば、売れてしまうということです。

だからこそ、お茶会の中でお客様の声を反映させながら商品を作っていくのです。

見込み客の感情ランクを育て、適切なタイミングでセールスに入ることができる

お茶会は、会う時点では商品について検討していなかった方に考えていただくきっかけを作ります。お会いすることによって、その方々の固定概念を一旦外し、思考の中にあなたの商品を入れてもらうのです。

お客様の言う、**「興味がない」のと、「考えたことがない」のは違います。**

お客様が興味を持っていないのは、検討した結果で興味がないのか、それとも考えてもみたことがないのか、どちらでしょうか？

どちらにしてもあなたと出会ったことで、考えてもらうチャンスができたのですが、それぞれアプローチの仕方が変わります。

興味がない場合

商品をある程度知っているけれど、購入しない選択をしたということであれば、なんらかの不満があったわけです。その不満を取り除くことができれば、購入していただける可能性があります。そのお話を聞くチャンスです。お茶会は、何をどのように検討して、購入をやめたのか、直接聞くことができる格好の機会です。あなたがその不満を解消することができるならば、お客様は聞いてくれたあなたから購入する可能性が高くなります。

考えたことがなかった場合

考える機会がなかったということは、商品に対する知識が不足しているということです。よって、何を基準に決めれば良いのか分からないのです。ですから、その選択基準について分かりやすく解説したり、楽しい雰囲気で交流しながら自然と知ってもらえるような工夫をすることで、お客様がご自身の意思であなたのサービスを検討してくれるようになります。

お客様が心を開き、あなたのお話を聞いてくれるために必要なのは、**信頼**です。その信頼を獲得するために大切な姿勢が、あなたの話を聞かせてほしいという気持ちになります。それが伝わるためには、楽しんでもらいたいという会の雰囲気や、あなた自身が楽しんでいるかどうかが大切なのです。

私は**感情ランクという指標**を、マーケティング塾の中でお伝えしています。

感情ランクとは、お客様があなたやあなたの商品に寄せる興味度と信頼度を掛け合わせた数値です。それが低いとアプローチしても売れませんし、高い方は購入する可能性も高くなります。この数値を見極めてアプローチしますので、取りこぼしや途中離脱を防ぐことができます。

興味度を上げるためのアプローチはとても重要です。出会う人数が少ない方も、せっかく集めた方を逃したくない方も、お茶会では、**感情ランクを育む**という感覚を忘れないでください。

セールスが成功するしないを左右する要素に、「欲しいという感情を引き上げることができるかどうか」があります。

お茶会メソッドで感情ランクを引き上げることができれば、無理なく商品を購入してもらうことができます。

・見込み客が求めているもの
・提供しようとしているもの

2つのイメージが一致することで販売につながるのです。

そこで大切なのは、お客様との会話です。セールス前にどれだけお話を聞けているかが大切です。ですが、急に質問ばかりすることはできませんし、警戒されてしまいますよね。

お茶会では、楽しく会話をしながら、お客様との関係性を作っていきます。そのなかで、お客様のニーズを把握していくので、何を訴求していけば良いのか、どのタイミングでセールスをすれば良いのか、ある程度は想定することができます。

ですから、セールスが苦手だと感じている方でも、適切なタイミングでストレスなくセールスをすることができるのです。

また、お茶会の中では、本命商品の購入という最終ゴール以外にもお客様と関係性を継続していくことができるので、**再度セールスをすることも可能**です。ですから、新規集客に囚われ過ぎず、少人数であっても途中離脱を最小限に抑えることで、本命商品の購入につながっていきます。

紹介を得ることができる

できるだけ、あなたのサービスに関心のありそうな方と効率的に出会うために、欠かせないのは「紹介」です。あなたのサービスを既に購入した優良顧客、もしくは見込み客の交友関係からの紹介は、新規の出会いと比べて、ご成約につながる可能性が高いです。

とはいうものの、紹介案件は期待するほど多くはありません。

紹介を得るために、お客様に紹介特典をお渡しした場合、たまに新しいお客様が特典を使って購入してくれることもあるかもしれません。しかし、これは感情ランクが高いと想定された場合に起こることであり、そういう方とたまたま会わなければ、紹介は起こりません。

自然と紹介してもらえる確率は、かなり低いということです。特典を強化して行動を促すことはできますが、相手が購入したくなるように意味づけすることは、簡単ではありません。

お客様が誘いやすく、誘われた方も無理強いされたように感じない、それがお茶会です。通常の営業活動では商品を買ってくださいと先に言っているようなものですが、お茶会は自分も一緒に楽しむために誘っているので、誘うことに抵抗感がなく、友人などを連れてきてくれる率が高いのです。つまり、お客様がお客様候補を自然な形で連れてきてくれるわけです。

このように、お茶会には起業を成功させるために必要な多くの秘訣がつまっています。「私は〇〇だから難しい」とついつい思ってしまいがちですが、そんなことはありません。多くの業種で当てはめて再現できるものです。ぜひ、チャレンジしていきましょう。

Chapter 1

お茶会の事前設計をしましょう！

お茶会をするには、事前の設計が大切です。

家を建てるときでも、いきなり柱を買ってくるようなことはしませんよね。まずは、どんな家を建てたいのか、どんな間取りにするのか、設計図を作るでしょう。

Chapter 1では、ワーク形式であなたのお茶会の設計図を作っていきます。

あらかじめ設計図を作り、お茶会の準備を進めていくことで、あなたの商品や思いがお客様にしっかり届くようになります。

お茶会を成功させるための考え方

お茶会の成功というのは、自分の現時点によって変わってきます。例えば、0（ゼロ）から始めた方だと、開催することが成功になりますし、ある程度開催している方だと、個別に相談されることができれば、成功です。

お茶会で成約を獲得することが成功という方もいらっしゃるでしょう。

成功させるための考え方の一つは、**お茶会を通して、自分は何を得たいのか**という意識を持つことです。もちろん欲しい結果は、一回のお茶会でいくつも得ることができますので、そこは欲張っても構いません。

そして、**お茶会には失敗がありません。**

というのは、たとえあなたの欲しい結果が得られなくて、失敗だと思ったとしても、テストマーケティングができたと思えば良いからです。逆に成功すればバックエンド※の成約まで結びつけることができます。

あとは**自分も楽しむ**ということです。

相手を喜ばせても、自分が楽しくないと、思っていた結果が出なかった場合、がっかりします。自分も楽しいと思っていた方がお客様も同じ温度で楽しむことができます。

誰かに喜んでもらう場作りをするのは、楽しいことですが、疲れてしまうこともあります。ですが、自分も楽しいという意識があれば、心をすり減らすこともないでしょう。

※「バックエンド」とは、最も価値提供できる商品、つまり最終的に購入してほしい商品やサービスのことです。また、「バックエンド」は独自の価値が最大化されている商品でもあります。最も価値を提供しているからこそ自社の収益も上がり、見込み客にぜひ購入してもらいたい商品です。

オンラインお茶会で販路拡大

オンラインお茶会の良さは、これまでネックになっていた商圏の壁を越えられることです。ぜひ、積極的に取り入れてみましょう。

従来のお茶会といえば、地域密着型で、例えば、大阪在住の人が東京で開催されるお茶会に出席するようなことはほとんどありませんでした。

しかし、オンラインを導入することで、距離の壁を越えることができます。商圏が全国、海外にも広がり、「どのようにこの地域の方に売るか」から、「どのように幅広い地域からお客様候補を集めていくか」という戦略に変化させることができます。

私のクライアントであるハーブ専門家の方も、起業当初は地元である沖縄でお茶会をしていましたが、オンラインを取り入れ、今ではリアルとのハイブリッドでお茶会を開催しています。

オンラインを活用するだけで、全国にいる顧客になり得る層の人たちにアプローチすることができます。さらに、お客様の声が全国に広がれば、今までにないブームを作り出すことも可能になります。

オンラインお茶会は、販路拡大、収入の入り口を増やすチャンスです。

今までリアルだけでサービスを提供していた方は、オンラインでも対応できるように工夫してみましょう。

商品によっては、地域で勝負できるものと、オンラインだからこそ、広まるものがあります。「うちは○○だから無理かもしれない」とアイデアを出すことを諦めてしまうと、チャンスを逃してしまいます。頭を柔らかくして、オンラインでできるようなアイデアを探してみましょう。

実際にお茶会の設計図を作ってみましょう！

Lesson 1 どんな意図を持ってお茶会を開催しますか？

よく、「どう決めたら良いですか？」と質問されますが、まずはあなたがどうしたいのか、どういう意図でお茶会を行うのかを明確にすることが大事です。そうすれば、あなたの理想を現実化させ、嫌だと思うことを防ぐことができます。

考えるときのポイントは、２つです。

・お客様に何を体感してもらえば、あなたの思う次の段階に進めるのか？
・お客様の体感を最大化させるために、その会をどう運営していくのか？

まず、これらを具体的に考えていきましょう。

どんな意図でお茶会をするか書いてみましょう！

お茶会を開催する理由

参加者には、どんなふうに参加してもらいたい？

例）積極的に自分の意見を発言してほしい etc

参加者にしてほしくないことは？

例）他の参加者の意見を否定すること etc

Lesson 2 ゴール設定をしてみましょう！

ゴール設定とは？

ゴール設定とは、その会で得たい効果のことです。例えば、どんなニーズがあるのか聞いてみたい、個別相談に誘導したい、次の会のアポを取りたい、友達を紹介してもらいたいというようなことです。

ゴールをいつも意識しておくと、何のためにやっているのか見失うことはありません。

意図してお茶会を行えるので、思ったものと違ったなという事態を避けられます。ゴールが不明確だと、意見の強いお客様に流されたり、誰かの独壇場になってしまうことがあります。

心当たりのある方は、しっかりとゴールを意識してお茶会を開催しましょう。ポイントさえつかめば、そこまで意図せずともたくさんの結果をつかむことができるので、開催をしながら、慣れていきましょう。

お茶会メソッドでは、3つのうちどのゴールを得たいかによって、開催するお茶会のSTEPも変わってきます。それぞれどんなお茶会をするのか、Chapter 4に詳しく書いていますので、確認してくださいね。

お茶会のゴール3つのパターン

ゴール1．反応を見る

友達や誘いやすい人にワークやミニ講座などを体験してもらい、それが楽しかったのか、興味があるのか、感想を聞きます。

「どう？　興味ある？」、「やってみてどうだった？」、「何が楽しかった？」、「どんなふうに感じた？」など、進め方についても意見を聞きましょう。ここで、お客様の声をいただいても構いません。参加者に聞くことで、会の良かったところ、改善点を知ることができます。

ゴール2．次のお茶会につなげる

次のお茶会に来ていただくことをゴールに設定します。今回のお茶会が楽しければ次のお茶会も来てくれます。ただ、主催者に「次も来てくださいね！」と言うだけでは、来てくれる可能性は低いでしょう。次のお茶会に来てもらうには、初めのお茶会で楽しんでもらわなければなりません。そう考えれば、おのずと最初のお茶会で自分はどんな行動をとるべきか見えてくるはずです。

ゴール３．個別相談、バックエンドにつなげる

個別相談、バックエンドにつなげます。３つの中では難度が高いかもしれません。最初から何人か集客できる方や、見込み客がいる方はゴールを３に設定してみましょう。

ゴール設定について、起業初心者の方はゴール１から順を追って実践してください。起業ベテランで、周りに興味を持っている方が多いなら、ゴール２から設定しても問題ありません。

何回目かを問わず、お客様の**感情ランクを意識**しましょう。あなたの周りにいる、声をかけられる人はどれだけあなたの商品に興味がありますか？　あなたがゴール３の提案をしたいと思っていても、感情ランクが育っていなければ、「個別にお話ししませんか?」と、誘っても乗ってきてくれません。

もう一つ、意識しておきたいのは、**臨機応変にお客様の状態を見極める**ことです。ゴール設定が1だとして、まずは反応を見ると決めていても、お客様と対話をするなかで、感情ランクが高いことが確認できれば、すぐに個別相談を提案する方が良い場合もあります。

関わる方、一人ひとりに興味を持ってお付き合いしていくことで、あなたのビジネスは格段にステージアップしていきます。目の前の人と充実した時間を過ごすことにより、少人数の会だけではなく大人数でも良い流れが作れるようになったり、セミナーセールスも自然とできるようになっていきます。

下記の商品構成から考えると、お茶会というのは、フロント商品の中の一つになります。お客様に気軽に来ていただくお楽しみ要素として、お茶会を開催しましょう。

商品構成について

商品	内容	相場金額
フロント商品（お試し）	集客のための商品。手に取りやすい価格帯にして「ここの商品いいかもしれない」と思ってもらう	～5,000円
ミドルエンド商品	バックエンドまでのお値打ち商品	1万～3万円前後
バックエンド商品（本命）	最終的に購入してほしい商品やサービスのこと	20万円～100万円

今回のお茶会のゴールは？

Lesson 3 テーマ設定をしてみましょう！

次は、あなたの商品のテーマ設定をしましょう。

テーマ設定とは、お客様があなたの商品について興味を持つ要素のことです。要素はたくさん考えられると思いますが、その中で一番主になるものがテーマになります。


例えば、先ほどのハーブ専門家の女性ですが、彼女は、ハーブや野草料理の活用方法を伝えながら、自然を取り入れた生活を提唱しています。今回はオンラインで、庭に植えている桑の葉（マルベリー）を使い、講座をすることにしました。オンラインということで、マルベリーも事前に参加者へ送ります。

彼女がテーマ設定をするのであれば、

・マルベリーで、ジェノベーゼソースを作ってこんなことができます！
・野草料理のバリエーションが増えます！
・自然の恵みを身体に取り込みましょう！

・マルベリーのレシピを差し上げます!

もともとある魅力を見つけ、より相手に響くように伝えることがコツです。

あなたの商品は、何が魅力的かを考えてテーマを決めましょう。

テーマ設定は、集客の肝になりますが、これで正解というものがありません。理由は、ターゲットやシーズン、社会情勢などによっても変わってくるからです。ですから、開催することでしか、結果は分かりません。集客できれば、うまくいったということですし、集客できなければ、テーマを練り直しましょう。

そんなときも失敗と捉えず、なんどもテストをして、分析しながら、ぴったりとくるテーマを見つけていきましょう。

テーマを設定しましょう！

Lesson 4 あなたの商品のお楽しみポイントは何ですか？

お楽しみポイントというのは、参加者が喜ぶであろうポイントのことです。まずは、思いつくだけ出し、より具体的に大きなものを3つ挙げてみましょう。楽しくないと人はあまり動きません。ですので、参加者の立場になって、喜んでもらえることを考えてみましょう。

もう一つ重要なポイントがあります。ここでもう一度自分がこのお茶会で何を得たいのか確認してください。

お楽しみポイントと自分が得たいことがリンクしたプログラムになっているかを想像してみましょう。自分が伝えたいことがプログラムの中に入らないようであれば、テーマ設定が間違っています。

例えば、マルベリーの講座をして、体験をして、参加者が興味を持って、もっと習いたいという気持ちになれば、万々歳です。なので、基本的に間違いではありません。ただ、今までのテーマであった食に関するものではなく、それ以外のことがしたい人には訴求が弱くなります。そうなると、講座は料理だけでなく、マルベリーの雑学講座や、染め物講座、石けん講座など、いろいろな方向から考えてみてください。

これで、土台となる部分は完成です！　この土台があれば、ぶれることがありませんし、告知文を書くことができます。

○リアルお茶会の場合は、この段階で開催するお店を決めておきます。「日本初上陸の外資系ホテルでアフタヌーンティー」、「予約の取れないお店でランチ」なら、行きたい理由、魅力になりますよね。ですから、この段階でお店を選んでおきましょう。

あなたのお茶会のお楽しみポイントを具体的にしましょう！

お茶会の設計図が描けたら、次は、たくさんの方に「参加したい！」と思ってもらえるよう、あなたをより魅力的に見せる戦略を練っていきます。

Lesson 5 ブランディングをしましょう！

集客する前段階からの準備として、まずはあなたが何者なのか、ＳＮＳなどを使って知らせていく必要があります。

あなたのどんなところを見せれば、支持を得られるのかを想定して、ブランディングしていきましょう。すごく見せるために嘘をついたり、過剰に演出する必要はありません。お茶会に安心して参加していただく材料の一つとして、あなたの経験や人柄を見せていきましょう。

あなたの魅力を最大限に生かせるブランディングをすることが重要です。

プロフィール写真について

プロフィール写真は、綺麗にかっこよく撮ってもらえば良いかというと、そうではありません。あなたの人柄のどの部分が伝わると良いのか、意図してください。衣装、髪型、メイクの検討もそうですが、小道具も使って撮影するのもおすすめです。カメラマンにお任せではなく、自分でイメージを伝えながら納得いくものを撮りましょう。プロだから何とかしてくれると主導権を放棄してしまうと、自分らしさがうまく表現できず、結局その写真を使わない場合が意外と多いです。

そして、どのスタジオで撮影するか、吟味しましょう。ホームページを見ると撮影した写真が出ていますので、あなたのイメージに近いかどうかも確認します。

ネットの検索で出てくるようなスタジオに大差はないと感じる方も多いでしょう。

そんなときは、このスタジオは「何の撮影をメインにしているのか」と「撮影データをもらうことはできるのか」を確認しましょう。

最近では撮影してもらった写真をＳＮＳに投稿している起業家もいらっしゃいます。ですから、この写真はイメージに近いなというものがあれば、そのカメラマンを紹介してもらうのもおすすめです。

最後に、プロフィール写真であなたの魅力がお客様に伝わるか確認してください。

あなたらしい主催ポジションの作り方

「リーダーシップを発揮するのは苦手なので、お茶会を主催するのは、向いていないかもしれないです…」とよく言われます。

お茶会を主催するというと、明るく盛り上げて、注目を集めるような会話力が必要だというイメージがあるようです。しかし、女性というのは、自ら話をしたい方が多いです。ですから、リーダーシップを発揮して引っ張ってあげることが大事かというと、意外とそうではありません。

話すことが苦手だと感じているのであれば、逆に話を振ってみんなに話してもらってください。そして、ポイントだけお伝えすると、喜ばれるお茶会になります。

それに、あなたの周りにも様々な方がいませんか？　みんなが同じような雰囲気だと面白味がなくなってしまいます。ですから、**あなたの魅力を生かしたあなたらしいお茶会を主催してください。**

主催者としてのポジションは大きく3つあります。

・盛り上げリーダータイプ

リーダーシップをとり、場全体の注目を集めて、会を仕切るタイプです。

・サポータータイプ

縁の下の力持ちタイプです。自分が前に出るのではなく、お客様を引き立てて活動の場をセッティングするタイプです。準備を確実に行い、おもてなしをすることが好きな方に向いています。

・よき右腕タイプ

注目を浴びるタイプの方や、会社なら社長や営業などを目立つポジションに据えて、その人を支えることで会を回していくタイプです。

この3つの中でしっくりくるものや、サークル活動、クラスやゼミなど、人が集まって何かをするときに自然ととることが多かったポジションがあるはずです。

自分では意識していなくてもそうなっていたことや、周りから期待されたことかもしれません。

あなたがしっくりくる主催スタイルを見つけてください。

次からは実務的な準備に入ります。実務的な準備とは、告知をするためにメールを送ったり、オンラインであれば、講座やワークで使う材料を送付する作業のことです。忘れないようしっかり準備して、お茶会の日に臨みましょう！

Lesson 6 実際に準備をしましょう！

どこで告知するか？

基本的には、自分が日頃から使っているSNSを育て、そこから集客できるようにするか、もしくは見込み客が利用していそうなところで告知をするかです。

最近は、リアルお茶会であれ、オンラインお茶会であれ、SNSでの告知は必須です。SNSを始めていない方はできるだけ早く始め、毎日コツコツ発信していきましょう。

これらが、おすすめのSNSです。まだSNSをしていない方は、ユーザー数が多くつながりやすいアメブロ、Instagram か Facebook をおすすめします。こくちーず、Peatix は、集客に使ってみてはいかがでしょうか。

・Instagram（インスタグラム）

https://www.instagram.com

Instagram は、写真を通したビジュアル表現によるコミュニケーションを目的とするSNSであり、10代～20代、特に女性の利用率が高いことが特徴です。

初心者おすすめ度　★★★

・Facebook（フェイスブック）

https://ja-jp.facebook.com

世界最大級のユーザー数。実名制が高く、30代以降の利用者が多いといわれています。イベントページを作成することで、イベントの案内、募集を簡単に行うことができます。

初心者おすすめ度　★★★★

・アメーバブログ

https://ameblo.jp/

ブログサービスの一つ。ユーザー同士がつながりやすい仕組みになっています。

初心者おすすめ度　★★★★

・Twitter（ツイッター）

https://twitter.com/

匿名型ＳＮＳ。投稿のことをツイートと呼び、１４０文字以内の文章を投稿することができます。

初心者おすすめ度　★★★★★

・こくちーず

https://kokucheese.com

こくちーずは無料で手軽にイベントの告知ページが作成できるサービスです。なかでもこくちーずプロは、簡単で安全に参加者を集めることができます。

初心者おすすめ度　★★★

・Peatix（ピーティックス）

https://peatix.com/?lang=ja

イベント、セミナー、音楽ライブなど様々なシーンで活躍する、集客に強いグループ・イベント管理サービスです。

初心者おすすめ度　★★★

参加者候補のリストアップ

どこで告知をするのかを決めたら、次は誰に声をかけるのか、リストアップをしましょう。あくまで目安ですが、定員の3倍ほどの人数をリストアップしましょう。

リサーチ

リストが揃えば、次はリサーチです。まず、この人には絶対来てほしいという人に連絡し、「こんなことをするけど、興味ある？」、「こんなことを考えているけど面白いと思う？」と、質問して、お茶会内容のリサーチをします。

マストではないですが、これをすることで、お茶会の精度は間違いなく上がります。身近な人に話し、意見を聞き、細かいことが決まってから、本決定しても良いでしょう。

告知文を書いてみましょう

リサーチが終われば、告知文を書いてみましょう。お客様に来ていただくためには、**分かりやすく魅力的に伝える必要があります。**そのために必ず準備するものが告知文です。

告知文で意識したいのは、分かりやすさです。何においても分かりやすいかどうかを常に確認しながら作成しましょう。参加者側の立場になって、申し込みの段階で知っておきたいことが入っているかを確認しましょう。

ひな形やチェック項目を作って確認していくことをおすすめします。

◎告知文に必要な項目

・タイトル
・会のコンセプトや開催理由
・誰におすすめか

・参加すると得られるもの
・参加特典
・具体的な内容
・日時（開始時間と入室可能時間を分けて書くこともおすすめ）
・開催方法（オンラインか、リアルか）、場所
・費用（税込み表示で）
・申し込み方法
・オンラインの場合はＺＯＯＭなどのツール名を、リアルの場合は会場名
・オンラインの場合、どういう方法でＵＲＬを送付するか、リアルの場合はアクセスを載せる
・参加ルール、こんなふうに参加してほしいということ、禁止事項
・キャンセルポリシー
・主催者の情報、名前、簡単なプロフィールや活動コンセプト

基本的には以上の項目が必要です。

日時や開催方法、費用、申し込み方法については箇条書きで十分です。

タイトルについては、この会で一番目玉になること＋具体的に何をするかのタイトルにしましょう。

例えば、予約の取れない○○でのアフタヌーンティー、オンラインお茶会、勉強会、体験会など具体的に書きましょう。残○席、○回連続満席！　など最初に入れるのも良いですね。

参加ルールやキャンセルポリシーは、多くても3つまでにし、できるだけ簡潔にまとめましょう。

参加特典は、お客様が「ぜひ欲しい！」と喜ぶような特典を用意しましょう。

例えば、アロマセラピストであれば、

・スーパーで買えるハーブで作る気分スッキリハーブティーのレシピ3選

・（リアルのお茶会に限られますが）フレッシュハーブティーと無添加シフォンケーキ付き！

はいかがでしょうか？

その他には、

・むくみケアのセルフトリートメント動画
・お客様のお悩みを伺うご相談チケット
・アロマトリートメントの割引券や体験チケット

このような場合、ただ差し上げれば良いというものではなく、あなたが得たいメリットも忘れてはいけません。お店への来店を促したい、リピート率を上げたい、紹介が欲しい、継続コースに来てほしいなど、あなたの意図と、お客様の興味度に合わせた特典がマッチするように考えましょう。

申込フォームについて

参加者の申し込みはもれなく管理できるようにしておきたいところです。その場合は

申込フォームが便利です。なかでも、

・フォームズ（https://www.formzu.com）

・フォームメーラー（https://www.form-mailer.jp）

などがよく使われています。これらは、無料で使うことができるうえ、そのイベント専用の申込フォームを作ることができます。申し込みが入れば、返信してくれる自動返信設定にしておくことをおすすめします。

なかには決済までできるようなものもありますので、必要に応じて使い分けましょう。

また、イベントのご案内と申し込みが一度で完結する流れを作るのもおすすめです。ＬＰ（ランディングページ）と呼ばれるもので、イベント概要や日程、アクセスなど告知文に書いた内容が一枚のページで確認でき、申し込みまでできるＷＥＢページです。こちらの使用も検討してみましょう。

画像の作成

一通り、告知文と申込フォームができると、用意したいのは告知で使うための写真（画像）です。まずは、お茶会イベントのカバー写真を用意しましょう。

画像作成するときにおすすめのツールはCANVA（https://www.canva.com/ja_jp）です。Facebookイベントのカバー写真のサイズにも対応できますし、Instagramへの投稿サイズのテンプレートもあり、とても使いやすいです。慣れてくるとササッと使えて、だいたいのことは無料でできます。

今までは、デザインするツールも難しかったり、写真も別の写真サイトから選んで持ってくる必要がありましたが、CANVAのおかげで短時間で完成できるようになり、完成度も高くなりました。日頃の投稿のときも活用できますので、ぜひこれを機に使ってみてください。

イベントページのカバー写真で大切なのは、**見込み客に会の魅力が伝わり、かつ何を**

行うのかが明確に伝わることです。基本的にはタイトル、日時、特典か、参加したい気持ちを上げるようなキャッチコピーを入れるようにします。あまり多くの情報は入れません。

一方投稿用の画像ですが、いくつかのバリエーションを用意しましょう。文字が少なめで、写真イメージ重視のパターン、内容を一枚にまとめたパターン、特典推しの欲求訴求のパターンです。あなたのサービスやイベントによって多少異なることはありますが、この3つを用意しておくと、告知するときにバリエーションに困ることはないでしょう。

オンラインの場合は、参加者が決まり次第、セミナーや講座で使用する材料を送付します。

告知文の次は、集客の方法をお伝えしていきます。

集客のために必要なこと

集客をするためには、重要な要素がいくつかあります。

まずその要素ですが、ワクワク感、認知度、魅力度、帰属意識、特別感、人柄、参加しやすさ、ゲストが誰か、他の参加者、演出、目に留まるための露出度が関わってきます。この中で3つ以上揃っていることが、集客には必要です。

ワクワク感は、お客様が楽しいと感じたり、知りたいという感情が高揚する感覚です。参加者に感情ランクが高いお客様があまりいないなら、なおのことワクワク感は大切です。**ワクワク感はどんな方でも作り上げることができる**からです。

例えば、「ケーキを食べましょう」ということを、「口コミ評価オール5の3ヵ月待ち名物マウンテンモンブランを食べに行きましょう」と言われるのでは印象が違いますよね。これは、口コミ評価オール5という特別感と名物マウンテンモンブランという魅力、ワクワク感が加味されています。一つの言葉にいくつかの要素が加えられることはよくあります。

認知度とは、見込み客本人にあなたやあなたのサービスがどの程度知られているかです。知られているだけでなく、信頼がおけるとか、**魅力的に感じる認知がプラスアルファであれば、集客にとても有利に働きます。**起業初期はなかなかつけることができませんので、少しずつあなたの業界の中のどこかで一番になるか、今までなかったポジションを見つけて、そこに入れると認知が広がりやすいです。広告を出すことでも認知度を上げることができます。

具体的には、

・影響力のある方に無料体験をしてもらい、感想をいただく
・SNSのインフルエンサーとコラボしてみる
・30人くらいにモニター体験をしてもらい、その満足度100%を目指してみる
・業種の中で、更にターゲットや状況などで絞って差別化をする

などの方法があります。挑戦できるところから始めてみましょう。

帰属意識は、組織に所属している仲間という感覚です。そこに所属、参加できることがその方にとってのステータスとなり、**特別感**につながることもありますし、楽しみになることもあります。オープンで誰でも参加できるというのも、もちろん良いのですが、何かの条件を満たしているとか、誰かの紹介でないと参加できないような形にするのも、特別感があります。

これらを、あなたのお客様が望むであろうことを想定して組み立てていくわけです。お客様が答えを持っているので、どんどんやってみて反応をみていくことが大切です。

続いて、**ゲストが誰か**についてですが、これはその会の魅力を増し、見込み客が会いたいと思うような方をゲストとしてお招きすることを指しています。ゲストにお話ししてもらったり、ミニ講座を持ってもらうことが参加理由になることがあります。

そして、**目に留まるための露出**ですが、顧客の立場になって、何度も目につくようにするための工夫が必要です。当たり前のことですが、意外と難しいのではないかと思います。

起業初心者の方は、きれいに集客したいと考えるところがあり、何度も告知をすることが格好悪いと感じたり、集客できていないと思われるのが嫌で、告知の数が少ない傾向にあります。しかし、そこはしっかりと現状を知りましょう。

メルマガに1万人登録がある人でも、個別で誘ったり、何度も告知したり、お金を払って広告を出すこともあります。

あなたがお客様の立場のときを思い出してみてください。

スーパーで買い物をする際、テレビCMで見たことがある商品や、お友達が教えてくれた商品を手に取ったことがあるのではないでしょうか。

お客様に意識していただく、気になったときに閲覧してもらう、そのためには**何度も目につく機会を作りましょう。**そのうち、あなたの情報がお客様にとって楽しくて優先したいというものにレベルアップするときがきますので、それまではできるだけ多く目に留まるよう、どうしたら良いか工夫を重ねていきましょう。

まずは予告をしましょう！

集客しやすくなるための下準備をしましょう。

一般募集する前に、声をかけることができる見込み客の方、いなければ身近な方に声をかけてみてください。その方の都合に合わせて会を開催しても良いと思います。一人でも二人でも参加する方が決まると、安心して告知を始めることができるでしょう。

この人にぜひ来てもらいたいという方に優先してお声をかけ、その方ありきで日程を調整します。欠席理由に「日程が合わなくて」というものがよくありますが、それを除き、興味と、こちらへの信頼がないということでなければ、お越しいただける可能性が高いです。

ですが、このときから売り込み感を強く感じるものですと、印象も良くありません。これまでの関係も崩れてしまう可能性があります。ですから、その方との関係性や、あなたやあなたの事業への信頼度、興味度を考えてお誘いしましょう。

ＳＮＳでの予告方法

次に、ＳＮＳの個人アカウントや、お仕事用のFacebookページの中で、予告していきます。予告は、「こういうことを考えているよ」、「こういうことに興味はないですか」という問いかけや、やろうと思っていることを小出しに伝え、興味度を上げるためのステップです。

例えば映画の場合、某有名アニメだと、アニメのテレビ放映が終わった瞬間、「来年○月上映決定！」とお知らせします。そして、時期が近づいてくると、何かとコラボしたり、どこかでイベントがあったり、テレビで前作の再放送、Amazonプライムで今までの映画が一挙放送されるなど、露出が増えていきます。このような取り組みをもっとごく小規模で行っていくわけです。最初からどんな内容か詳細までは分からなくても全く問題ありません。むしろ、テーマくらいで良いのです。少しずつ声優陣の情報が解禁となり映画紹介の特集が組まれていく、そういった番組を観たことがある方も多いでしょう。朝の情報番組から夜のバラエティーまで人気のキャラクターが登場していたりしますよね。こういったことを自分サイズに置き換えて考えてみましょう。

・テーマに合うような投稿をＳＮＳに増やし始めて、興味度を上げていく
・コメントしやすいような内容を意識して投稿していく
・来てほしい方に、「今度こんなことをしたいと思っているのですが、○○さんとご一緒できたら嬉しいです」と連絡をしてみる
・お茶会の目玉になることを書いて、それに興味はありますか？　と投げかけてみる

このように丁寧にステップを考えれば、告知する前にできる準備は数えきれないほどあるのです。

一つひとつやっておくと、告知したときの反応率が格段に上がり、集客がスムーズにいきます。興味度を上げるこの予告のステップがあるのとないのでは、このあとの集客数が違いますので、必ず行いましょう。**予告は反応が上がってくるまで繰り返し行います。**一度ではなく、重要な企画であればあるほど、一ヵ月前から関連するような投稿を始めていきます。

例えば、リアルにカフェでお茶会をするとして、そのカフェの名物パフェを食べて写

真をアップしておくというようなことです。食べてみたいというようなコメントが複数あれば、バッチリです。徐々に、それ楽しそう、知りたいなという欲求を持ってもらうように、目につく機会を増やします。

そして、「一緒にパフェを食べにいきたい人、パフェと〇〇ツアーしませんか？」と呼びかけてみても良いでしょう。このように自分から進んでブームを作っていくようなイメージです。これによって、全く集客できないということは基本的にはありません。しっかりコミュニケーションを取っていきましょう。

これで感情ランクが低い方でも行ってみたいと思うようなアプローチはできました。

それでも、そもそもなんて声をかけたら良いか分からないという方は、自分がお誘いをうけたときに嬉しかったこと、がっかりしたことを思い出してみてください。

自分事（じぶんごと）として理解したうえで、誘われるお客様の気持ちになってみましょう。

あなたならダイエット中の方にどうやって「パフェを食べに行こう」と誘いますか？

例えば、「〇〇さん、いつもすごくダイエットをがんばっていらっしゃる様子をInstagramで拝見しています。甘いものは控えているかと思うのですが、チートデイ※ってありますか？　今までの人生史上最高に美味しいパフェに出会ってしまいました。以前〇〇さんがスイーツ好きとおっしゃっていたなと、すぐにお顔が浮かんだので、連絡しました。がんばっていらっしゃるところ失礼かなと思ったのですが、期間限定メニューなので、もしよろしければご一緒にいかがでしょうか。パフェを食べながら〇〇をしたいなと思っています。ご検討いただければ幸いです。お返事お待ちしております」という内容でも良いかもしれません。

あなたならどんなお誘いをしますか？

※チートデイとは「ダイエットを目的とした食事制限中に、十分な食事をとって良い特別な日」を意味します。英語「cheat day」が由来で、直訳すると「ズルをする日」のことです。

予告から告知をするときに意識したいのは、**そのテーマがすごく良いものだと自分自身が信じ切ること**です。以前TED（世界中の著名人によるさまざまな講演会を開催・配信している非営利団体）の動画で踊る人を観たことがあります。公園のようなところで、一人の男性が一風変わった踊りをしていました。しばらく踊り続けていると、それに合わせて真似てくれる人が一人、二人と出てきました。そうして楽しそうに踊っていると、なんとそれまで公園でリラックスしていた方がどんどん加わって踊り出したのです。「ムーブメントの起こし方」というタイトルでした。男性が一人で踊り続けたことで、同じようにする方が出てきたのが大きなポイントです。

つい私たちは、反応がないと諦めてしまいます。人が集まっていない企画を告知し続けることは怖いし、どう見られるかも心配になりますよね。告知がつらくなるときは、自分に価値がないのではないか、自分が考えたものが面白くないのではないかと思ってしまいます。

しかし、マイナスの感情に意識を向けるのではなく、自分の企画を自分自身が楽しみ、**「自分の商品や情報は絶対知っておいた方が良い」と信じ切っていることが大切です。**そこに集中しましょう。

そう思っていれば、工夫ができます。人がどう思うかに心を支配されないようにしましょう。

告知の方法

告知というのは、「こういうお茶会をやるから来てね」とおおよその内容をお伝えして宣伝することです。予告から告知に切り替えた後は、毎日SNSに投稿していきましょう。毎日変化をつけて、「残席○人」とか、「満席」などの情報を更新したり、クローズアップするポイントを変えていきます。同じ情報だと思うとスルーされがちですので、気をつけましょう。

先ほどの踊り続けた男性のように、自分の「楽しい」に巻き込むイメージで、毎回の投稿に「私はこれがすごく良いと思っている」という気持ちを組み込みましょう。

一日一回は必須です。Instagramでも、Facebookでも、ストーリーズやリールなどで、目につく機会は何度も作ることができますので、更新していきます。

それだと鬱陶しく思われるのではと心配になった方もいらっしゃると思います。あなたの経験を思い出してください。同じ宣伝投稿であっても、鬱陶しいものと、鬱陶しくないものがあると思いませんか。告知投稿することが悪いのではなく、どういう文章に仕上げるかが大事なので、混同しないことです。そのためには、テクニックとしてというよりも、**人として丁寧な気持ち良いコミュニケーションをするという意識が大切です。**メール文が上手な人は、メッセージをもらった人が心地よく感じます。基本的にはお互い、仲良くしたいものですよね。「この人といたら楽しそうだな」と感じるような気遣いを、エッセンスとして文章に入れておきましょう。

集客のための行動は、10個以上考えてみましょう。Instagram、Facebook、Twitter、ブログで伝える、紹介してもらう、直接誘う、考えられるだけ考えて全部やってください。そのうち成果が出るのがどれなのか分かってくるようになるので、絞っていけば良いでしょう。

お茶会開催後も写真を撮って、SNSにアップしましょう。参加者にもタグ付けして、紹介してもらいましょう。そうすると、投稿を見て「私も行きたい！」という人が出てきます。最初から集客はそんなにうまくいきません。回数を重ね、経験を積んでいきましょう。

集客できない理由とは？

集客できない大きな理由は、告知不足につきます。目につく機会が少なければ、お客様は検討さえできないのです。同じ企画であってもオファーの仕方に変化をつけていくこともできます。一番有効なのは、直接誘うことです。メール、メッセンジャー、ＤＭ、ＬＩＮＥなど直接あなたから相手に送る方法はあるはず。丁寧にお誘いして、「楽しい」に巻き込んでいきましょう。

先ほどのＴＥＤ動画にはもう一つのポイントがあります。それは真似してくれた人を尊重し、共に楽しんだことです。集客できても、一人、二人だけだと、なんだかがっかりと思う方もいらっしゃいますが、その積み重ねです。一緒に面白がってくれる人をいかに大切にするかで、このあとが変わってきます。

準備はＯＫ？　お茶会事前チェックシート

□ どんな意図でお茶会をしていくか決めましたか？
□ ゴール設定は決まりましたか？
□ テーマ設定はできましたか？
□ お楽しみポイントは決まりましたか？
□ どこで告知をするか決まりましたか？
□ 参加者のリストアップはしましたか？
□ リサーチをしましたか？
□ 申込フォームはできましたか？
□ 告知で使う画像は完成しましたか？
□ 告知文は完成しましたか？
□ 告知は終わりましたか？
□ 目標人数を集めるために十分な告知を行いましたか？
□ お客様が集まってくれるための打ち手を事前に考えましたか？
□ 当日支払いの方は、その旨ご連絡済みですか？
□ リマインドメールの準備はできましたか？
□ 入金確認は取れましたか？
（開催前にご入金をいただく場合のみ）

【リアル開催のみ】事前チェック事項

□（参加者が決まり次第）当日の場所（会場）の予約はしましたか？
□ お店のキャンセルポリシーの確認はしましたか？

【オンラインのみ】事前チェック事項

□（参加者が決まり次第）当日の材料などの送付は終わりましたか？

Column 1

お茶会の第一歩を踏み出せないあなたへ……

「お茶会をすることがビジネスにおいて効果的だと分かっているものの、第一歩を踏み出すことができないんです…」と、言われることがあります。

新しいことを始めるのは、勇気がいるものです。お茶会であれば、「誘って嫌がられるかもしれない」とか、「集客できるかどうか…」などの不安がありますよね。

「誘う」ということをどんなふうに捉えていますか？

お茶会の一歩を踏み出すことができない方の多くは、「(お茶に) 誘うということに強い抵抗感を感じる」とおっしゃいます。

たしかに、自分から誘うのは少し勇気のいることですね。

ですが、誘われる身になってみてください。誘われると、自分が必要とされている実感がして、嬉しくなりませんか？

ただ、断るのが苦手な人は誘うのが苦手です。というのは、そんな人は、「本当は行きたくない」

と思っているのに断ることができないため、自分が誘うときも、相手に対して、「行きたくないと思っているのに、断りきれないのでは?」と考えてしまう傾向にあるからです。誘うことで迷惑をかけるのではと思ってしまうのです。

あくまで主催者は、「楽しい時間を一緒に過ごしませんか?」と言っているだけです。もし、あなたが誘うことを躊躇しているのであれば、誘われることは嬉しいことであって、迷惑ではないという考えを取り込んでみましょう。誘うことへのハードルが一気に下がるはずです。

お茶会に失敗はありません

お茶会とは、主催者も参加者も楽しい時間を一緒に過ごすものです。

例えば、お茶会を開催する不安に、人が集まらなかったらどうしようというものもありますが、もし、その状況になれば、必死で集客の方法を考えるでしょう。そんな積み重ねが起業には大切なのです。ですからどんな状況になっても、それは成功するために必要な過程であり、失敗ではないのです。

そう考えることができれば、あなたの初めてのお茶会はきっと実りあるものになるはずです。

Chapter 2

お茶会を実践してみましょう！

このChapterでは、効果的なお茶会にするために、当日にするべきことを具体的に書いていています。実際にお茶会をすることをイメージして読んでください。

お茶会の構成（時間配分）

最初に、お茶会の全体的な流れをお伝えします。リアルとオンラインで違いはあるものの、進行のポイントは共通しています。

それでは、お茶会の基本的な構成と時間配分について簡単に説明します。

お茶会は、90分（1時間30分）か、もしくは120分（2時間）に設定します。ただ、初心者の方は余裕を持って、120分に設定する方が安心です。

お客様の感情ランクを上げて、次につなげていきた

	お茶会の基本的な構成と時間配分（120分の場合）	
1．	開始の挨拶	5分
2．	ルール説明	5分
3．	自己紹介	2〜3分×人数
4．	ワークやミニ講座	30分
5．	感想	2〜3分×人数
6．	解説や補足	10分
7．	次の開催の案内	5分

い場合など、意図によってお茶会の構成が変わってきます。

自然なお話の中で、「次の会はこんなことをやっていきたいよね」という流れになっているのが理想です。そのためのフリートークの時間をたっぷりとっておきたいものです。

ワークやミニ講座の時間を早めに終わらせ、参加者に感想をもらったり、今までの悩みやこれからどんなことをしてみたいかなど、それぞれが感じていることを話し合う時間をとりましょう。

また、時間が足りないと、次の約束をすることができません。あとから連絡して次の約束は取りづらいものです。できればその時間のうちに次の約束まで決めてしまいましょう。

みんなが仲良くなってお開きという、余裕を持った時間配分が理想です。

開催中に心がけるポイント

初めて開催するお茶会は緊張してしまいますよね。ただ、ポイントさえ押さえておけば、安心して開催することができます。

開催中に心がけることについて解説していきますね。

リアル・オンライン共通

名前をしっかり呼ぶこと

お茶会では、関係性作りの一環として、少し打ち解けた愛称でお呼びするのも一つの選択肢です。参加者同士の上下関係をフラットに近づけることができたり、仲間意識を持ってもらうこともできます。

その場合は、勝手に呼び名を決めるより、本人に呼ばれたい名前を聞くと良いでしょう。打ち解けた雰囲気になります。

必ずルール説明をすること

最初に、どんなコンセプトで、どんな気持ちで開催しているのか、してほしくないことは何なのかを必ずお伝えしておきましょう。

主催していると、思わぬ出来事が起きることもあります。事前にしっかり説明しておくことで、「これは困るな」という状況を大抵回避できますし、参加者にもそう説明することができます。

特に起業家同士や、新旧入り混じったお客様の集いでは、それぞれの意識の差がどうしても生まれてしまうので、ルール説明は必ず最初にしてください。

時間配分に注意しつつ、なるべく参加者に話してもらうこと

お茶会メソッドの良さは、お客様のお話を聞き、どこにニーズがあるのかを判断できたり、興味度がどの程度なのか、会話の中から理解できることです。お茶会を主催すると、「教えなきゃ」という意識が働き、主催者が話す時間が長くなる傾向があります。

しかし、できるだけ参加者に話してもらうことを意識してください。参加者の満足度が上がる効果があります。

オンライン機能について気をつけるポイント

次は、オンラインでお茶会を進める場合に気をつけるべきポイントをお伝えします。

ここでは、ZOOMで行うことを前提に進めます。

ZOOMは、割と浸透してきていますが、参加者の中には慣れていない方もいらっしゃいます。ですから、事前に主催者側が機能や使い方のマニュアルを自作して、参加者にPDFでお送りすると親切です。

また、できれば有料版を使うのが便利です。そうすることで、時間制限なく、ビデオ通話を大いに活用できます。

接続確認の時間を設ける

最初のうちは、開始時間前にログインしていただき、接続確認の時間をとりましょう。

起業家や会社で使っている方はサクサクと進めることができますが、ZOOMが初めての方や接続に不安がある方には、「10分前からログインできますので、お早めにログインしてください」とお伝えください。

接続がうまくいかないと、イライラしたり、ヤキモキして、講座やワークの内容に集中できません。なるべく安心して参加できるよう配慮しましょう。

オンラインで開催する際は、話がポンポンと交錯して会話が難しいため、進行のルールを設ける必要があります。どんなふうに進めるか、あらかじめ話をしておきましょう。

オンラインの場合、自由におしゃべりしましょうという設定は難しいです。

ですから、何を体験し、何を考えてもらうと良いのか、欲しい結果を想定しながら当日の進行を考えておきましょう。

機能設定について伝える（ZOOM）

機能設定についても簡単にお伝えしましょう。

具体的にいうと、

・カメラはオンにしてほしい
・マイクは指名されるまでオフにしてほしい
・大人数であれば、質問や感想、リアクションはチャットでお願いします

・リアクションというボタンがあるので、それを使うと画面にマークを出せます

などです。

便利な機能としてブレイクアウトルームというものがあります。ZOOMのメインが体育館に集まって全校集会だとしたら、その後クラスに戻って話すようなものがブレイクアウトルームだと考えてください。

ブレイクアウトルームは、こちらが指定した数のお部屋を作ることができ、人数も調整できます。自分で部屋を選んで移動することも可能です。少人数の会では使わないことも多いですが、ワークをしてマンツーマンで話してほしい、もしくは共有して学びを深めてほしい場合に有効です。

例えば、私の婚活アドバイザーのクライアントは、婚活パーティに利用しています。まずは、参加者全員で話し、マッチングした人だけブレイクアウトルームに誘導します。そうすることで、マッチングしなかった人は誰にも見られることなく部屋から退出できます。

婚活事業をされている方はＺＯＯＭのブレイクアウトルームがとても使えます。

最後に、感情面の事前フォローも大切です。

・自分の意見と違う発言があっても、そういう意見もあると尊重し合いましょう
・この場は安心して参加できる環境でありたいと思っています

と、参加者に共有しましょう。

準備ができたら、実際にお茶会を開催してみましょう！

具体的なトーク例を盛り込んだ、当日の流れを次に記載しているので、参考にしてみてください。

0. 申し込み直後

まず、申し込みをいただいたら、参加者に、

・○月○日、○時よりお会いできることを楽しみにしています。内容についてお送りしますので、ご確認ください

など、確認の意味も込めて連絡をし、**参加していただくことの感謝を伝えます。**

ご連絡を取り合い、申し込みの意思を改めて確認することで、ドタキャンや未入金を防ぐ役割もあります。

1. お茶会開始／開始の挨拶

お茶会の開始時間になりました。

まずは、参加者のみなさんに、あなたの気持ちをお伝えします。

・お会いできることを楽しみにしていました！
・〇〇さん今日はようこそお越しくださいました！

など、**お会いできて嬉しい！　ということをしっかり表現しましょう。**

主催者が先に入った参加者と話を続けていると、後から入ってきた参加者は不安に感じてしまいます。

・〇〇さん、今日は△△さんのご紹介ですか？　△△さんにはいつも大変お世話になっております！
・〇〇さんですか？　今日はありがとうございます！

と、参加者全員に主催者側から一言、お声がけしましょう。

そして、次はどんな体験をしていただくのかなどの話をし、**参加者の期待を盛り上げます。**

2. ルール説明

お茶会のルール説明をし、今日、どのように参加してほしいのかを伝えます。ルールは、お茶会の内容によって少し変えていきます。

・今日、お話しすることは口外しないようにお願いします
・安心、安全にお話しができるようご配慮お願いします

このお茶会が安全な場所であることをお伝えしましょう。

話す人と話さない人が極端に分かれてしまうと、進行がうまくいかない場合がありますから、全員が話せるよう参加者に時間を意識してもらいましょう。

・お時間が限られております。今日は○時開始ということでお約束いただいていましたが、お時間大丈夫でしょうか？　Aさんは少し早めに退出しないといけないんですね

・もしかしたら、終了予定時刻を過ぎることがあるかもしれませんが、基本的にはお時間通りに進めていきたいと思っていますので、みなさんお時間のご配慮、ご協力よろしくお願いします

このように声をかけ、参加者同士が尊重し合って、お茶会がスムーズに進行するよう協力してもらいましょう。

また、お茶会が終わったあと、参加者から望まないセールスをされたと報告があり、主催者を悩ませるケースがあります。そんな場合は、最初に禁止事項をはっきりと伝え、

・望まないセールスをされたと報告があれば、その後の参加はご遠慮いただいています

とルールをしっかり伝えることで防止できます。

ただし、言い方によっては、参加者に堅苦しいイメージを与えたり、厳しいととらえ

られる場合もありますので、伝え方にも工夫が必要でしょう。

お茶会開催時のルール設定の考え方

ルール設定とは、言い換えると、「今日どんなふうに参加してほしいのか」ということです。参加者間でトラブルにならないよう、最初にルールを伝えましょう。

お茶会の主催者が言われる問題点で多いのが、

・話す人と話さない人が分かれてしまうこと
・ネットワークビジネスなどをする方が人脈を広げるために参加すること

などです。

なので、**考えうる問題は、ルール設定として最初にお伝えしておきましょう。**
お茶会が終わったあとに、参加者から「○○さんのお茶会でこんなことがあってすごく嫌だった」と言われても、今更こちら側としては、何もできませんし、あとから、「こんな苦情が来ています」と参加者に言わなければならないのは、嫌ですよね。

「○○さんが主催する会って良い会だよね！」と、思ってもらうために、事前に必ずルールの説明をしましょう。なるべくポジティブな言葉を使い、楽しそうに伝えることがポイントです。


【ルール設定の考え方】

・あなたが避けたいことを明確にしましょう
・みなさんが楽しめる方法を挙げてみましょう！

3. 自己紹介

次は自己紹介をします。

参加者は、緊張しています。それに、お人柄が分からないと、主催者も場の空気をつかみにくいので、参加者にはなるべく早い段階で話していただきます。

・皆様の参加理由をお聞きして、お茶会に反映させながら進めたいなと思っていますので、自己紹介をお願いいたします

・○○さん、「お名前」、「どこから参加いただいているのか」、「参加してみようと思ったきっかけ」、この3つを2分間でお願いします！

と言いながら、参加者がお話ししやすいような雰囲気で進めていきましょう。

また、自己紹介の中で、今回のお茶会で期待していることなどを話していただきます。そうすると、参加者の期待値が上がり、話が盛り上がってスムーズにワークに進むことができます。

ここでのポイントですが、参加者が自己紹介しているときは、「次は、○○さんお願いします！」と**名前を呼びましょう**。名前の読み方が分からない場合は、この時間に確認すると良いですよ。そして、聞いていて分からないことがあれば、「○○さん、これってどういったことが得られると嬉しいですか？」などもう一度聞き直しましょう。

参加者を掘り下げていきながら、理解度や経験値、何に対して興味を持ったのか、具

体的なポイントを確認していきましょう。
自己紹介が終わると、

・みなさん、ありがとうございます。そういった理由でご参加いただいたんですね。みなさんが今日おっしゃったことは、お茶会のプログラムの中に含まれていますので、さっそく始めていきましょう！　今日はざっくばらんに楽しくやっていただきたいので、お茶など飲みながらリラックスして参加してくださいね

などとお伝えします。

4. ワークやミニ講座

内容を決めるときに重要なのは、**次は何につなげたいのか**ということです。お客様に何を知ってもらい、体感してもらえば、あなたの商品の購買意欲が上がっていくのか、相手の興味度や感情の変化に合わせ、よく考えて構成します。

オンラインの場合は、工程をリアルより少なく簡単にしましょう。リアルのときは、主催者が手を貸してあげることができますが、オンラインはやってもらったものを見せてもらうしかありません。間違いがあった場合、細かいことが分かりません。なので、なるべく工程を少なくし、できているか見せてもらうと良いでしょう。

心くばりでいうと、リアルの場合は、触れる、近くにいる、言葉を交わすという空気感で心の距離が近くなることがありますが、オンラインの場合は心が通じにくいところがあります。

参加者が「私は受け入れられていない」と一度勘違いしてしまうと、居場所がないと思ってしまうことがあります。

ですから、**オンラインの場合は、思い切り反応をしてください。**

・すごく良いですね！
・よくできていますね！

と、積極的に声をかけてあげると参加者は安心します。

参加者は、オンライン上ということもあり、自分の作っているものがきちんとできているのか、これで良いのか不安なものです。ですから、思い切り褒めるなど、なるべく大きく反応してあげてください。

たとえ参加者の作った作品の完成度が低くても、

「オンラインだったので、私もうまく伝えられなかった部分があったと思います」

という言葉を添えるなどして、参加者が嫌な気持ちにならないような場所を作ってあげることが大切です。

私も一度、ねりきり教室に参加し、「失敗したかな」という経験がありました。しかし、先生が褒めてくださったので、なんとなくご機嫌になりました。

主催者としては、参加者が「参加して良かった！」という意味付けで終わるよう工夫してください。

そして、最後に集合写真を撮りましょう。

5. 感想

ワークやミニ講座が終わると、体験の感想を聞きます。

・体験してみてどうでしたか?
・どれが楽しかったですか?
・やってみてどんなふうに感じましたか?

この時間を作ることによって、参加者の意見を聞くことができます。

また、質問を繰り返すことで、参加者の理解もより深まります。

最初は質問してもあいまいな答えだったものが、質問に答えていくことで、より具体的になり、新たな段階が見えてきます。

仲間やお客様からアイデアをもらって求められる商品作りをする方法

そもそも何を商品化したら良いか、その種も見つかりませんという場合があります。そんなときは、まずはお茶会であなたの得意、楽しいを共有してみることからスタートします。その中で、要望が増えてきたものを商品化しましょう。

やりたいことの要素だけで探すと、大きく利益を上げるようなものを見つけるのは難しいかもしれませんが、あなた自身が、誰かを助けてあげてとても喜ばれたことや、よく「大変だよね」と話題になっているようなことは収益化しやすい商品になります。

常日頃からアンテナを張り、思い浮かんだことをお茶会の中で聞いてみて、感触を確かめていくと良いでしょう。基本的に、あなた自身が**商品になる種を探しておくことが大切です。**

残念なのが、こちらからのアイデアがなく、「どうぞなんでもご要望をお聞かせください」、「私の良いところを教えてください」とお客様にゆだね過ぎて、あまり収穫がないことです。あくまでお客様は自分自身が楽しかったり、嬉しいこと、悩みを解決したいということに興味があります。それがリンクしていれば、顕在化してニーズを明確に伝えることもあるかと思いますが、そこまで関係性やお客様のニーズが高まっていることはあまりありません。なので、ざっくりとした質問の仕方だと、お客様もピンとこないわけです。この視点を忘れずに、できるだけ具体的な案を発想の種としてお伝えしましょう。

既に具体的な商品の構想がある方であれば、体験してもらいながらご意見を聞くのも良いでしょう。「このとき、こうだったら買う人もいるのではないかな」という他人視点で答えてもらうのではなく、**自分事として答えてもらうことが必須です。**「どうだったら欲しい、もっとこうしてもらいたい」など、なるべく具体化しましょう。お茶会の中でこうしたお話をお客様に投げかけて、答えてもらう時間をとると良いでしょう。聞くだけでなく、やり取りをして、アイデアをまとめていく作業を一人ではなく何人にも繰り返して行えると良いですね。

お茶会では自然とこういったことができますので、楽しい雰囲気の中でのヒアリングがおすすめです。

お茶会メソッドを実践していくと、自分では思ってもいないようなご意見、アイデアをいただくことがあります。それがあなたの商品になる可能性が十分にあります。

自分の商品を最初から決めつけず、普段からお客様のお話をよく聞いて、お客様からのご意見を柔軟に受け入れながら取捨選択していきましょう。

もし、どんなものか全くイメージできない場合は、あなたの今考えている方向で構いませんので、同業者の方もしくはあなたが学んできたことに近いお仕事をされている方が具体的にどんなことをしているのか、話を聞いたり、ネットで検索してみてください。

ドンピシャのこれだというものもあるかもしれませんが、ここでの狙いは今まであったもの同士をかけ合わせて新たな商品にしたり、今の商品から派生したり、もしくは商品の手前の課題をクリアするようなものを入れても良いかもしれません。

いずれにしても、自分の思い込みを外し、オープンな気持ちでいることでアイデアを受け取ることができます。

お客様のお話を聞くときも、頭から否定したりせずに、様々な角度から聞きましょう。素人の言うことだからというような斜に構えた姿勢だと、良いヒアリングができません。**どんな姿勢でお話を聞くかで、引き出せるお話も変わる**ことを忘れないようにしましょう。

要望と希望をミックスさせてコンテンツに成長

お茶会でのリラックスした対話の中では、お客様の本音を聞くことができます。どういう商品であればお客様が購入してみようと思うのか、話しながら質問をして、その絶妙なラインや表現を確認してみると良いでしょう。商品のプレゼンをするのではなく、質問をしてたくさんお話しをしてもらうからこそ、分かることがあります。

お客様との対話を重ねることで、抽象度が高い希望の話から、どんどん具体化していきます。お金を払ってでも解決したいものが何なのかを見つけましょう。ちょっと知れたら嬉しいなというものはお試し商品として、セミナーやお茶会のテーマにしてみると良いかなと思います。ですが、本命商品が決まっていない方は、お話しをしながらお客様が本当に困っていること、自分一人ではなかなか解決することができない心配事や叶えたいことは何かヒアリングと仮説を立てていくことで照準を定めていきます。目の前のお客様の反応から試行錯誤して、これだという形に仕上げていきましょう。

6. 解説や補足

参加者全員が感想を言い終えたあとに、ワークで伝え漏れていたことや、補足することがあれば伝えます。

7. 次の開催のご案内

ここに居場所があることを参加者が感じると、「じゃあ次はこんなことをやりたい！」という声があがります。

うまくことが運ぶと、参加者の中で雰囲気を作ってくれる人が現れることもあります。

自分が楽しいと思ったら、「またやりましょう！」と盛り上げてくれたりするので、

・じゃあ、次回は○月頃にこういうことをやりませんか？

とすぐに次の会を提案できます。

初期の頃の一番の目的は、**次に会う目標を作る**ことですから、次に会う約束ができたらこのお茶会は成功ということになります。

こういった場合、ゴール設定で参加者の意見を聞くと決めていた人でも、うまくいきそうだと感じたなら、次の段階を飛ばして、会う約束をしましょう。

今回で良い感じだと思ったら、
「また次の会にも参加していただけませんか？」と伝えられるよう準備しておくと良いですね。

それが個別相談であれば、日程をいつにするか決めます。

次の日程は、お茶会が終わったあとに決める人が多いようですが、**一番感情ランクが高いのは講座中です。**お茶会が終わったあとに決めると感情ランクが下がってしまいますから、その場で決めておきましょう。

・次、いつにしましょうか？
・次、セミナーだったら◯日ですね
・個別相談だったら、空いていますが、◯◯さんどうですか？

という感じで聞いてください。
この流れだからこそ、売り込み感がありません。楽しみを一緒に味わっているよね？
という感じの方が誘いやすいです。
こちらだけ突っ走ることがないように、対話を大切に進めていきましょう。

8. お茶会の振り返り

お茶会が終わって、家に戻ったら、今日の振り返りをしてみましょう。最初に設定したゴールは達成できましたか？

うまくいかなかった場合ですが、多くの理由として、

・盛り上がらなかった
・誰かに主導権を取られた
・個別相談につながらなかった

などが挙げられます。

まず、盛り上がらなかったとき、そんなときは、あなたから共通の話題を提供します。緊張して、パッと話題が出てこないという人は、あらかじめ前日までに共通の話題を準備しておきましょう。最初はどんな話でも構いません。参加者に合わせて、話題を事前に考えておきましょう。

そして、誰かに主導権を取られたと感じる場合です。Chapter 1でもお伝えしましたが、事前にしっかりルール説明していれば、みなさん大人ですから、状況を理解してくださるはずです。
しかし、一人の参加者がしゃべり過ぎてしまうことはあります。気の利く方なら、周りに話を振ってくれることもありますが、そうでない場合は、大人しい人が取り残されてしまいます。

そんなときは、主催しているあなたが、

「みなさん、今日はこの話をしませんか？」などと言って別の話に誘導し、話の舵を切り直してください。


最後は、個別相談までいかなかったときです。

その場合は、断られるのが嫌だという意識から、自分から引いていることが多いです。断られると思いながら、個別相談の話をしたり、個別相談をする理由が明確でない状態で誘ってしまうと、相手は違和感を覚え、セールスだと受けとってしまいます。

個別相談をゴールにするときは、理由を明確にしたうえでお茶会を構成しないと、突然感が出て自分も言いにくいものです。

お茶会でAの話をしたから、個別相談ではBの話をするというロジックをはっきりさせましょう。自分の心がそこにカチッとはまっているから誘いやすいのです。なぜ、個別相談が必要なのか、何が必要で何を伝えるのかを明確にしましょう。

Column 2

「集客できない」と、落ち込んでしまうあなたへ……

お茶会を企画して、人が集まらないと、

「私に魅力がないから、人が集まらないのかも…」

「集客できないなんて、かっこ悪い…」

「人気のない起業家って思われるかも…」

なんて、ネガティブになって、落ち込んだりしていませんか?


そういうときは、告知することさえ嫌になってしまい、集客がうまくいかない状態に陥りがちです。


実は、私も「集客を教えているのに、集客できないなんて恥ずかしい」なんて、思っていました。

自分に対する価値=集客と考えていたんですね。

集客できないのは、お客様のニーズを理解しきれていない、些細なことがブレーキになって、行動しきれていないなど、様々な理由があります。

例えば、SNSの告知回数ですが、1、2回告知をして、それでもう集まらないと決めてしまう。自分からは誘わない。告知文については、意味が分かりにくい、反応しにくい言葉選びをしているなどがあります。


集客力を鈍らせる原因は、一つではなく、いくつもあるケースが多いです。

自分の価値と集客ができないことは関係ありません。落ち込む必要もありません。

集客できないのは、自己価値が低いからではなく、行動や創意工夫が足りないだけです。


それよりも、どんな形であなたのサービスを提供すると、お客様に喜ばれるかを考えましょう。


どんなふうに告知文を書けば必要な人に届くでしょうか？

申込ボタンはどこにありますか？

何回告知しましたか？


たくさんの人に認知してもらい、お茶会に来ていただくためにできることはまだまだあるはずです。

試行錯誤しながら、お客様に響く形を見つけてくださいね！

Chapter 3

感情ランク×あなたのビジネス進行度で現在地を知ろう

このChapterでは、あなたのビジネスの現在地を知っていただきます。現在地が分からなければ、効果的に目標を設定することも、目標に向かって計画を立てることもできません。ビジネスにおいて、現在地を明確に知ることは不可欠です。現在地を知って、あなたがどんなお茶会をするべきなのか、さらに理解を深めていきましょう。

まずは、次の表を参考に、

①商品について
②あなたのビジネスの進行度
③お客様の感情ランク

をそれぞれ点数化してみましょう。

3項目の合計点で自分の現在地を知り、STEP1からSTEP3のどのお茶会から始めるのが効果的かを見ていきます。

現状でどの段階にいるかチェック☑

点数	商品について
1	決まっていない
2	方向性がほぼ決まっている
3	興味を持ってくれているお客様が何人かいる
4	買いたいと言ってくれるお客様がいる
5	バックエンド商品がある

点数	ビジネスの進行度
1	お茶会、ランチ会、体験会、モニターをしたことがある
2	セミナー、ワークショップをしたことがある
3	数人にセールスをしたことがある
4	モニター金額でバックエンド商品を販売したことがある
5	バックエンド商品を定価で複数人に販売したことがある

点数	お客様の感情ランク
1	あまり興味がない
2	興味があるかないかといえばありそう
3	興味はあるけど、商品について理解を深めていくなどの段階が必要かも！
4	個別相談に来てくれる
5	興味があり、商品を買ってくれる気持ちがある

合計得点	あなたのお茶会ＳＴＥＰ
0点～5点	ＳＴＥＰ1
6点～10点	ＳＴＥＰ2
11点～15点	ＳＴＥＰ3

【合計0～5点】
商品も方向性もターゲットも決まっていない方
➡STEP1のお茶会をしましょう

合計得点が０～５点だったあなたは、まずはどんなことをしていくのか、なにを売っていくのか、あらかじめ決めることから始めましょう。

あなたがやれること、やりたいと思っていること、仕事にすることは考えていないけれど、長く続けてきたことや趣味についても書き出しておくと参考になります。どんな人にサービスを提供したいかも見込みをつけていきます。

そうすることで、お楽しみポイントの組み合わせが考えやすくなります。

自分で案を考えて、実行するのは難しいと思いますが、どうしても分からないときは、あなたが「楽しいな」と思うことをやってみましょう。お茶会をやってみて、分かってくることがあります。あなたがこれからご一緒したいなという方をお招きして、まずはチャレンジしてみることがおすすめです。
机の前で考えているより、人と接して、会話をしてみることが、あなたのビジネスの第一歩になります。

Chapter 4：125ページ　お茶会STEP1へ⬇

【合計6～10点】
やりたい方向性は決まっているけれど、商品化がまだの方
⬇STEP2のお茶会をしましょう！

やりたいことが決まっているということは、これから試していく優先順位もおのずと決まっていきます。今あなたが考えていることは、お客様からどれくらい必要とされるものなのか、理想と現実の差はどのくらいあるのかを、テストマーケティングしていきましょう。

あなたの商品が欲しい人に届きやすいように、ＳＴＥＰ１のお茶会よりもさらに具体化して、思い切って告知文の内容を変えてみたり、ターゲット層を変えてみるのもおすすめです。

意図を持ってお客様と対話をして、ご要望に応えたり、お友達を紹介してもらって裾野を広げていくこともやってみましょう。

Chapter ４：１３８ページ　お茶会ＳＴＥＰ２へ⬇

【合計11～15点】
方向性も商品化も、ターゲットも明確な方
⬇ＳＴＥＰ３のお茶会をしましょう！

方向性も商品化もターゲットも明確な方の最大の悩みは集客です。

集客に苦戦する理由として、テーマ設定の誤り、商品・サービスの魅力が伝わっていない、そもそも告知不足、などが挙げられます。

あなたが売りたいものそのままで人が集まっているなら、今この本と出会っていないかもしれませんね。

見せ方、言葉選び、テーマ選び、すべてにおいてお客様目線が必要です。お客様に興味を持ち、お客様の関心事や、どうして現在のものでは申し込みしにくいのかをよく考えて、その推論をお茶会で実証しましょう。明らかに反応が変わっていきます。

お客様との関係構築がうまくいっていない場合は、申し込みのページ作り、フォーム、告知内容などが独りよがりになっていないか、初めて読む方にも分かりやすいか、一つひとつ確認しましょう。

告知文やタイトルのつけ方に自信が出てくれば、告知サイトに載せるだけで集客できることもあります。

しかし、ライティング力というのは、急に上達するものではありません。日頃の積み重ねが大切です。

最初は、何度もSNSをアップしながら、お客様の反応の良い告知文を研究していくものです。そのうち、〝いいね〟が多い投稿の傾向が見えてくるでしょう。

ＳＮＳの発信を継続することで、ライティング力が磨かれていきます。
ですから、ＳＮＳのやり取りや、そこからつながっていくご縁を大切にして、その輪を広めつつ、集客していきましょう。

Chapter ４：１４６ページ　お茶会ＳＴＥＰ３へ⬇

あなたの現在地は、どのＳＴＥＰでしたか？
Chapter ４では、各ＳＴＥＰのお茶会の役割について説明します。今はまだＳＴＥＰ１の段階でも、全体の流れを知っておくとビジネスの進行度も早まります。ですから、それぞれのＳＴＥＰの役割を知って理解を深めておきましょう。

Column 3

お客様の感情ランクを上げるには？

ビジネス初心者の方に、「どうすれば、新規のお客様の感情ランクを上げることができますか？」と、聞かれることがあります。

新規のお客様というのは、言い換えれば、出会いたてということ。ここではそんな出会いたての関係での感情ランクの上げ方を紹介します。

感情ランクを上げるために、まずは、もっと話をしてみたいとか、お付き合いしたい人だとお客様に思ってもらうことです。

その人といると、

・有意義な情報が入ってくる
・楽しい気持ちになる
・憧れの世界を見せてもらえる
・得を与えてくれる

相手にとってそんなふうに映れば、感情ランクは上がるといえます。
逆に売り込みばかりする人やマウントをとってくる人は嫌われてしまいますので注意してください。

さて、そう思ってもらうには、何をすれば良いのでしょうか？

例えば、

・自己紹介文などは、独りよがりなものではなく、共感できるものにする
・相手とコミュニケーションがとれるよう、反応をもらえるような話題をする
・自分のアピールばかりせずに、相手の話を聞く

などが挙げられます。
まずは、自分からもコミュニケーションをとるように心がけ、徐々にお客様の感情ランクを上げていきましょう。

実際に会うのも効果的です。
これは、ザイオンス効果といって、初めのうちは興味や関心がなくても、何度か触れる（接触する）

うちに強い印象を受け、好感を抱くようになるという心理効果です。これは、聞いたことがある人も多いのではないでしょうか？

一気に感情ランクを上げる方法もあります。

全員に使うことはできませんが、第三者を使う方法です。

お客様にとって権威性のある人からあなたを紹介してもらい、あなたも権威性がある人間に映ることで、お客様の感情ランクを上げるのです。

マーケティングにおいて、権威のある人や物に説得力を感じる心理傾向のことを、「権威性の法則」と呼んでいます。

例えば、〝皮膚科医が監修した化粧品〟や〝〇〇賞を受賞したお肉〟などと聞くと、信頼できる商品だと無意識に感じてしまいませんか？

この権威性の法則をうまく使うことで、お客様の感情ランクを一気に上げることができるのです。

感情ランクを上げる方法は、相手にとってプラスの関係になることです。シンプルなようですが、それは1日で培えるものではありません。コツコツ積み重ねるように人間関係を作っていきましょう。

Chapter 4

それぞれのお茶会3回の役割を使い分けよう！

３回のお茶会には、それぞれ役割があります。Chapter ４では、ＳＴＥＰ１～３のお茶会の役割、使い分けをお伝えします。それらを理解して、よりゴールに近づくことを意図してお茶会を開催しましょう。

基本的な方法として、これから起業をスタートする方は、ＳＴＥＰ１～３すべてをやり切りましょう。ある程度の経験がある人は、ＳＴＥＰ２から始め、２回開催でも構いません。参加者の感情ランクが高い場合は、お茶会はＳＴＥＰ３から始めて個人相談に誘導しても良いでしょう。

ただ、お茶会の使い方はそれだけではありません。商品作りのための市場調査がしたくてお茶会をする方もいますし、映画観賞会という名のＳＴＥＰ１お茶会を定期的にしている方もいます。よって、何を軸にするかというのは、自由です。

STEP1のお茶会は、「ちょっとおしゃべりしない？」から始まる

最初のお茶会の目的は「**仲良くなる**」ことです。相手にとって自分が安心な存在か、もしくは、頼りになる人、一緒にいると楽しい人のどれかになることが大切です。

そうなるためには、まずは相手に興味を持って、話をしながら

・何が好きなのか？
・何を求めているのか？

を探っていきます。
そこで、自分が役に立てることは何かを見出していきます。
さらに詳しく、STEP1の役割はどんなものかを見ていきましょう。

先に与える　信頼関係の構築

お茶会の場合、集客が少なくても、まずは信頼関係を積み重ねましょう。仲良くなって信頼関係の質を上げ、そこからお客様候補の紹介をいただくことを意図して、関係性作りをしましょう。その方が最終的には集客に困らなくなります。

集客といっても、メルマガやＬＩＮＥに登録いただくステップよりも、実際にオンラインで話したり、お会いする方が難易度は高くなります。

信頼関係を積み重ねるのに必要なのは、**先に与える**というステップです。この人と会うと楽しい、もっと一緒にいたい、集まる人も面白い人達、居心地が良い、勉強になった、気分が上がる、そういったことで結構です。

最初から売り込みモードというのは、お客様からすると奪われるような心境で心地が悪いものです。この部分は感覚的なところですが、焦っていたり、成果を上げたいと強く願っているときは、特に自分の気持ち中心になりやすいので気をつけましょう。

ワクワク、一緒にいて楽しい！　もう一度会いたいと感じていただく

さて次は、実際にどう振舞うと良いのかについてお話を進めていきましょう。これからどのようにビジネスをしていくのか決めていない方は、まずはあなたのファンになっていただくことを第一に考えましょう。

お互い心地よく過ごすために、**居場所を作ってあげる**ことが大切です。会話の中に自然と溶け込めるように、「○○さんはいかがですか？」、「○○さんはどう思いますか？」と話を振るなど、参加者が自然と話に入っていけるように進行しましょう。

ちょっとした配慮で、ファンがつくかどうかに大差がでます。

主催者として楽しむことも大切ですが、場全体に対する心くばりも忘れないようにしましょう。

慣れていないときは、この商品がいかに良いかを最初から一生懸命プレゼンしてしまいがちです。商品をアピールしたい気持ちは分かりますが、まずはお客様の立場になってみましょう。まだよく分からない商品について一方的に伝えられても、戸惑ってしま

うだけです。

あなたも、一方的にセールスをされてすごく嫌だったという経験をしたことはありませんか？　お客様もそんな心境になってしまいます。お客様に興味を持ってもらうために力み過ぎてしまい、空回りして、疲れ果ててしまわないように気をつけましょう。

SNSでつながり、友人知人などに楽しんでもらう

ＳＮＳをただ毎日投稿しているだけでは、なかなかファンはつきません。意識したいのは、**反応をもらう**ことです。ＳＮＳではコミュニケーションをとることが大切で、これはリアルでも同じです。そのためにはこちらから反応することです。

とはいえ、見ず知らずの人にどうしたら良いのか、そんな声が聞こえてきそうですが、突破口として、その人との共通点があるグループに入ってみるなど、リアルでのつながりがある人からその輪を広げていくと良いでしょう。

ＳＮＳにコメントをしてみる、イベントに参加してみる、グループに所属してみる、オンラインサロンに入って友達を作ってみるなどして根気強く人とのつながりを作っていきましょう。

特に共通の知り合いができると、警戒心もだいぶ和らぐでしょう。最初の一歩が一番の難関です。最初は警戒心があって当然だと割り切って、関係性を作ります。このときに大事なのは、**焦らない**こと。売ってやろうという気持ちは人に伝わりやすいものです。まずはお相手の役に立つこと、良好な関係作りからです。関係性のある方から「お茶しませんか？」、「ちょっとお話ししませんか？」と言われて嫌な気持ちはしないでしょう。

多くの場合、突然すぎたり、違うニュアンスを感じるから嫌だと思われるのです。起業していると、これってどうなのかしら？ というお誘いを受けることが一つや二つはあるはずです。それを反面教師として考えましょう。

これまでSNSをしてもなかなか集客できなかった方は、友達申請をするときに長文の自己紹介を送りつけ、相手の反応を見ずに、セミナーなどに誘っていないか、コメントがついているのにスルーしていないか、宣伝投稿のみになっていないか、投稿の内容が重すぎたり、説教のようになっていないか、コメントで持論を押し付けるようなことをしていないか、確認してみてください。

相手の話を聞く

人の話はヒントの宝庫です。受講生にもよく「お客様の話を聞きましょう」とお伝えしています。ですが、人は、自ら話をしたいという性質があるようです。「聞く」ことは意外と難しいものかもしれません。

しかし、お客様の話を聞くことで、貴重な声を引き出すことができます。お客様の声が集客の糸口につながり、その結果、商品開発ができます。お茶会メソッドで「聞く」というパワーをぜひ実感してください。

聞くための心構えとして、**聞くにも段階がある**と思っておいてください。興味度、信頼度が育っていない初めましての方と、あなたと何度もお会いしている方では、理解度も違いますので、反応も違いますよね。これは当然のことです。

主催者側は話す回数を重ねているので、どうしてもどんどん反応が良くなっていくことを求めてしまいます。初めましての方は特に新鮮に反応してくれるので、どんなことを言うと興味を持ってくれるのかなと工夫することができます。何度かお会いしている方であれば、ブラッシュアップして、ピンポイントに「こういうことはどうか」という形で、具体的に話を聞くことができます。

相手のニーズを見つけるためには、2つの質問の仕方を意識しましょう。**オープンに自由発言で話をしてもらうもの、限定的な質問としてテーマを明確にしたもの**です。

オープンに自由発言をしてもらうと、どんなことを考えているのか、ある程度のことが分かります。相手は自由に話ができることから安心し、いろいろと話してくれるので、本音の回答が得られやすくなります。そうすると、次に限定的な質問をしたときに具体的に答えてもらいやすいのです。

また、**タイミングも大切**です。

まっさらな状態で今どう思っているのかを聞きたいのか、何かワークをしてある程度ご理解いただいてからなのか、お茶会で他の方と会話を重ねた後なのかでも、お客様側の理解度や、興味度が変わってきます。

相手がニーズを感じて、困っている心のうちを発言してくれるのは、話しやすさを感じてもらえるようなトークをしていたときです。つまり、相手が答えやすいような前提を作ってあげてから質問をした方が話を引き出しやすく、良い話を聞くことができます。
ですから、同じ方であっても、タイミングによって、出てくる言葉が変わるものだと認識して、質問しましょう。

例えば、初めての方がどれだけ自分の商品について知っているか統計を取りたい、印象を尋ねたいのであれば、お茶会の自己紹介の段階で質問をすると良いです。初めて体験した人が、やってみる前と後でどんなふうに感じ方の違いがあったかを聞きたければ、ワークの後に質問してみると良いですよね。

このように、意図をしてお話を聞くために、ご自身の中で何を聞きたいのかを明確にしておくことで、実りが大きくなります。お茶会のステップに当てはめてお話を聞いていくことで、あなたの商品作り、キャッチコピー、セールストークが磨かれていくことでしょう。

お祭りだ！　と共に楽しむ

ＳＴＥＰ1のお茶会で大切なのは、参加者の警戒心を解き、あなたと一緒にいると楽しい、勉強になると思ってもらうことです。

あなた自身もこれからステップアップしていく自信を育むために、楽しんでもらえた、対話ができた、次も会いたいと言ってもらえたということを積み重ねられるよう、スモールステップを一つずつクリアしましょう。

意識としてはお祭り気分です。真面目な人ほど、どんなふうにもてなそうかと一生懸命に企画立案しますが、思うように進まないと、当日ピリピリしてしまうことがあるかもしれません。眉間にしわを寄せて、時間通りにしなきゃ、失敗しちゃいけないと思いつめすぎないようにしましょう。

お茶会は基本的に失敗しません。当日はあなた自身が楽しむことです。あなたが楽しくないと参加者が気を使いますし、本音が言いにくい雰囲気になってしまいます。

肩の力を抜いてやってみましょう。

共通の悩みや好きなこと、思いを持っている人が集まる場所にする

まず、何をすれば良いのか、思いつかない方は、あなたが好きなことをテーマにしてみると良いでしょう。参加者のみなさんも好きなことであれば、なおのこと良いです。SNSでつながっている人に対して、これなら誘いやすいというものでも良いですよ。

例えば、神社仏閣が好きなのであれば、好きな神社について情報交換をしたり、スピリチュアルに興味がある方などであれば、都内のおすすめのパワースポットをバーチャルで巡るツアーというのも面白いかもしれません。

こうした好きや状況が同じ方との集まりは、口コミで広がりやすかったり、友達を連れて参加がしやすいので、集客ができるようになるまでのお茶会のベースとしてぜひ実践してみてください。

みんなの「知りたい」に応えるために相手の話を引き出す

お茶会で大事なのは、話すことより話してもらうこと、とお伝えしていますが、次の

会につなげるためにも、どんどん質問してお客様のニーズから次の会を立案しましょう。

質問をするためにはよく聞き、その話から次の質問をします。聞こうと準備している順番でなかったとしても大丈夫です。出てきたトピックからつないでいきます。慣れていないと、ただ聞くだけになってしまい、お客様の役に立てるポイントを探せないこともあるかもしれません。あなたの商品に関わるようなことを中心に、

・どんなことを悩んでいるのか
・何に興味があるのか
・何に抵抗があるのか
・どうだったらやってみたいのか

まずは、これらを推測しておくことで、お客様の話をより具体的に興味を持って聞くことができます。

ニーズを汲んで行うお茶会・おおまかなテーマを持つ

お茶会をやっていくときには、テーマが必要です。

初めは推測で良いので、こういうことに関心があるのではないか、こうすれば楽しんでもらえるのではないかと考えて立案してみましょう。お客様と対話を持てるSTEP2の方がニーズを汲みやすいかと思います。


まずは、あなた自身も、今回のお茶会で何を得たいか、次に何をご案内したいのか、自分のステップも併せて意識しておきましょう。

お客様の「やってみたい」という気持ちと、あなたの「知ってほしい」を結び付けられるテーマを対話の中から見つけます。お茶会の前に、いくつか次のテーマになりそうなことを考えていくとスムーズです。

相手の悩みや不安、希望、目指していることを聞く

参加者が来たら、親近感を感じていただけるように、主催者は一人ひとりに声をかけ

るようにします。これはリアルであってても、オンラインであっても必須です。お茶会をスタートする前に言葉を交わしておくことで、場がぐっと和みます。

そうすることで、自分も落ち着きますし、お客様も傍観者から参加者に切り替わります。

そんな雰囲気を作ることにより、お客様も悩みや、希望、目指していることなどが話しやすくなります。

あなたのやっていることを話してみる

同じ話でも、セールスを強くする人だなと感じるか、すごく良いお話が聞けたなと思うかは、実は話術以前に、あなたへの信頼度によります。あなたが自分にとって**与えてくれる人**なのか、**奪おうとする人**なのか、人は知らず知らずのうちに判断しています。

主催者は、それだけでお客様から注目も寄せられます。だからこそ、聞く姿勢を大切にしながら、参加者との距離を少しずつ近づけていきましょう。すると、お客様の方から質問が出てくることがあります。そのときが来たら、あなたのしていることをお話ししましょう。

あなたがしていることに興味を持っている人があまりいないと思う場合は特に、喜んでもらえる場を用意して先に貢献しましょう。そのことによって、参加者は自然と「この人はどんな人なのだろうか」とあなたに興味を持ち、色眼鏡を外して話を聞いてくれます。

ＳＴＥＰ２のお茶会は、「みんなのニーズに応えた」の体

ＳＴＥＰ１のお茶会で、参加者と楽しくおしゃべりをしていると、様々なお悩みやご要望を聞くことができます。

あなたが相手にとって安心な存在になっていて、信頼できる人というポジションに入れていればなおのことです。

ＳＴＥＰ２のお茶会は、もう少し具体度を増していきましょう。

ＳＴＥＰ１に出てきたお話を元に、悩みにフォーカスさせてみたり、お客様の叶えたい願望をより詳しく聞いていきましょう。

そうすることにより、お客様の中でも漠然としていた悩み・要望が具体的なものへと

変化していきます。

数人は新規の方を入れても良いですが、ＳＴＥＰ１のメンバーで、ほぼＳＴＥＰ２のお茶会が埋まっているという状態を作ります。

そうすることでより、あなたの意図で体験をしてもらうことができ、興味を持ってもらいやすい状態を作ることができます。

参加者の感情ランクが高ければ、ここで個別相談に進んでも構いません。

周りから求められたからと、担ぎ上げてもらえるとなお良し！

要望に応えるという姿勢を取り入れることで、あなたのビジネスはぐんと前進します。お客様が時間とお金をかけて参加するということは、心が動く楽しみがあった、知りたいと思った、体験したいと思った、またあなたや一緒に参加した人に会いたかったということです。

ご要望を取り入れることで、参加者が主体となって自ら発案したり、他の参加者を巻き込んでくれるくらいに話を盛り上げてくれます。そのための秘訣として、あなたが良き聞き役となって、どんどん話を引き出します。参加メンバーによって会の雰囲気も違うはずです。

いつも意識しておきたいのは、あなたは先導役ですが、会の最中の主役はお客様なので、お客様に体感してもらい、感じていることをどんどん言語化してもらいましょう。お客様が楽しんで主体的に参加している会は、とても雰囲気も良いもので、参加者も居場所のように集うのが楽しみになります。

共通のテーマで盛り上がったり、参加者の方から「次はこのテーマでお茶会を主催してほしい」と要望されるようになります。

要望に応えるだけでなく、プラスのご提案をするお茶会に

様々なお話をお客様から聞いたあとは、あなたが思うプラスアルファを提案して、反応を見ていきましょう。

そうすることで、あなたが本来お客様に体験してもらいたいことや、聞いてほしいお

話に近づけていくことができます。

ゴールを何に設定するか、例えば、「相談会への申し込み」と決め、どうすればお客様の興味度、信頼度が上がるのかを試行錯誤する段階です。

何を感じ、何を知ってもらえば、お客様の意識が上がるのか考えましょう。お話を聞きながらインスピレーションを得て、お茶会の進行に生かしていきましょう。

例えば、スタイリストさんのお茶会で、「次は似合うサングラスの選び方を教えてもらいたい」と言われたとします。それをそのままテーマにしても良いのですが、もう少しひねってみて、「夏のおしゃれ度を上げる顔回りアイテムの黄金ルール、知りたくないですか？」と問いかけてみます。そうすることで、サングラスの選び方を教えてもらって満足というレベルから、「トータルでアドバイスを受けることに価値がある」と気付いてもらい、スタイリストの仕事に近づけることができます。

参加者に現実を知っていただく

お茶会のメリットは、質問に答えてもらうときもインタビューのように楽しく話せることです。安心して興味を持って聞いていきます。

自然に話してもらうためには、こちらから質問していくことです。

まずは、お客様の現状が分かるように、自己紹介か事前アンケートでご自身のことをお話ししてもらいましょう。

私は趣味や好きなこと、抵抗のない範囲でお住まいの地域や出身地を確認しておきます。会話の糸口になりますし、共通の話題になることが多いからです。

慣れるまでは、いくつか質問のパターンを自分で作ってみましょう。性格や好きなこと、参加動機などの現状を確認します。特に自己紹介をしてもらうときには、何について話してもらいたいかを伝えておくとスムーズです。自由発言にあまりに任せてしまうと、脱線してしまったり、意見の強い人の独壇場になることがあるので注意です。

会の進行も進んできたら、「〇〇さんはどう思われます?」などと、みんなに話を振りましょう。話をするなかで、ある程度の方向性が見えてきたら、定めをつけて話をしていった方が次につながりやすいです。あなたが質問をして場の雰囲気を作り上げます。お客様は、あなたが聞いてくれるのがとても嬉しくなっていきます。「あなたの意見が重要で、もっと聞かせてほしい」という姿勢で臨みましょう。

自分の商品に誘導したいという意図は忘れてはいけません。あなたが聞くことでお客様自身に、考えを深めていただきます。そうすることで、お客様は少しずつ現実を実感し、悩みや問題が浮き彫りになっていきます。そこから、あなたの提供するサービスが必要だと認識することにつながっていくのです。

喉から手が出るほど欲しい状態を確認する

お客様との対話を大切にしていると、どんどん自己開示をしてお話ししてくれるようになります。主催者側が聞きたいのは、「本当のところ、どうなのか？」です。

実は、**お客様の望みには強い欲求と条件付きの欲求があります。**

強い欲求というのが、どうしても叶えたい、喉から手が出るほどの願望で、これが高単価商品作りにとても役立ちます。お話ししていると、明らかに言葉の力が変わったり、お客様の態度に変化があります。

その瞬間を見逃さないようにしましょう。

条件付きの欲求というのは、～だったら、そうしたい。というようなものです。

・簡単だったら
・安かったら
・すぐできるなら

というような、どうしても叶えたいわけではないけれど、叶えば良いなと思っているものです。

どうなったらやってみたいのか、お客様に尋ねてみる必要があります。ぜひお茶会の中で聞いてみましょう。

自分が役に立てそうなことをまとめてみる

お客様と対話を重ねていくと、「これだったら役に立てるのではないか」いうことに気がつきます。それをどんどんノートに書き出していきましょう。

このとき大事なのは、やるかやらないかは別にして、頭の中にあるものをすべて出してみることです。選ぶのはそのあとにしましょう。

書き出してみたら、実際に要望のあったことと、自分がやりたいことを別の色のペンで印をつけてみましょう。

重なったところが、すぐにできる可能性が高いことになります。

テーマをしぼっていく

見える化したものを並べて、いったんカテゴリーに分けてみましょう。興味度、信頼度が高い方が参加したいもの、興味度、信頼度が低い方や、初対面の方が関心を持つであろうものという具合です。

すると、これまで毎回テーマをどうしようか悩んでいた方も、ご自身の現状から「今回は知らない人でも分かりやすいテーマにして、新規の方に参加してもらう方が良いな」、「既に2回来てくれた人が多いから、少し具体度をアップした内容にしてみよう」など、工夫していくことができます。

会を重ねる毎に、テーマの選定を洗練させていきましょう。言葉選びも大切に、表現方法もその会に来てほしいお客様が使う表現に合わせ、専門的すぎる表現ではないかを確認します。世代間の独特の言い回しなどは、来てほしいお客様の層によっては、親近感が生まれるなどプラスに働くこともありますが、意図を持って使うようにしましょう。

STEP3のお茶会は、参加者の悩みや願望をより顕在化させる

STEP3のお茶会では、具体的な悩みに対するアプローチや、個別相談までの事前教育を行います。人数はできるだけ少人数で、中身の濃いお茶会にしましょう。

まずは、個別相談に誘導するための理由を作ることが大切になります。

具体的な悩みや願望に対するアプローチ

お茶会のあと、さらにお茶をするのも、個別相談につなげていく役割ですが、現状の課題をクリアにするために、大きく分けて3つ、確認してほしいと考えています。

・もっと主催者に求めること
・商品に求めること
・自分が困っていること

この3つをお客様に確認しましょう。

3つ教えてもらえれば、お客様との共通の課題になります。
そして、このお客様はどんなふうにアプローチすれば良いか定めがつけやすくなるうえ、次に誘う口実ができます。

無理にセールスはしません。ニーズがあるか確認するだけです。自分に対して求心力が高まっているのかも確認してからセールスをしましょう。

そうすれば、お客様のお悩みの多くは、クリアできます。

問題解決につながると思ってもらえる選択基準の教育

ＳＴＥＰ３では、何をどんな方に売れば良いのか、バックエンド商品が明確になっているはずです。

まず、お客様が悩みを解決したくなるまでの心境の変化について理解をし、悩みを早く解決したいと思ってもらえるような働きかけと、話を聞いてあげて、さらに相手を理解できるよう努めることです。そして、「あなたは信頼できる」、「あなたたなら」と思っていただけるような情報提供を行いましょう。

あなたの商品が良いと判断できる、判断基準を教育することです。判断できるところまで何を教えないといけないのか、どう伝えた方が良いのか情報の取捨選択が必要です。

つまり、なぜ、自分の商品がほかの会社のものより良くて、なぜ自分を選ぶ必要があるのか？　ということを伝えます。

各お茶会の役割のゴールとは？

ＳＴＥＰ１、ＳＴＥＰ２、ＳＴＥＰ３とそれぞれ意図を持って行うということ、周りにいる見込み客の興味度、信頼度によってスタートが違うことはご理解いただけたかと思います。その上で、目安になる指標をお伝えします。

ＳＴＥＰ１は、お客様に、あなたが安心できる人、もしくは自分にとって有益な人だと認識してもらうこと。会が楽しく、有意義な時間であり、また参加したいと思っていただくことです。信頼関係の構築、あなたの話なら聞いても良いなという下地を作りましょう。

ＳＴＥＰ２では、あなたの商品に関わることに、興味が明確に湧いてきます。できるだけ実際に何かを体験してもらったり、質問をして考えていただく機会を作り、具体的な悩みや願望に結びつけるきっかけを作ります。お客様のご意見をどんどん伺いましょう。次の参加者を紹介してもらえるくらい親しくなれると良いですね。

ＳＴＥＰ３では、お客様の悩みや願望をより顕在化するための働きかけを行います。あなたのサービスがご自身の問題解決につながると判断できる選択基準を教育しましょう。ＳＴＥＰ３は、何か具体的な悩みや願望に対してアプローチできると良いです。ＳＴＥＰ２で出た話をもとに、更に思いを強くしてもらうことが大切ですよ。

どの段階で次に進むか

お客様としっかり対話をしていると、お客様の気持ちが動いた瞬間が分かります。何に対して心が動いたのか、できるだけ認識しておきたいものです。

ＳＴＥＰ１、ＳＴＥＰ２、ＳＴＥＰ３とそれぞれ役割がありますが、慣れないうちはＳＴＥＰ１の役割を何度かやるくらいの気持ちでいた方が、結果的にうまくいくことがあります。そうすることで、お客様一人ひとりとの関係性を育むことができるからです。

ＳＴＥＰ２になると、言い回し、接し方、ルール設定でもお客様の興味度に変化があります。思ったように進行しないなと思ったときはぜひ、Chapter １でお伝えした事前設計から見直しましょう。

今、どの段階なのかを見る指標として、お客様の発言や態度があります。興味のない人は、気もそぞろになりがちです。他の参加者のお話もあまり聞いていない、笑顔がないという場合は、次のご案内をしても難しいです。

なぜお客様がそうなってしまったのか、原因を突き止めて対処しましょう。

リアルお茶会で割と起きやすいのは、遅刻して居場所がないように感じている場合です。

オンラインであれば、パソコンの操作やZOOMの使い方が分からずイライラしてしまうケースもあります。こういった場合は、まずはお客様の気持ちを落ち着けるように、ウェルカムの雰囲気を演出しましょう。

興味が出てくると、お客様の発言の深さが明らかに変わってきます。表面的なお話だったところから、具体的に「私がやるとしたら…」という視点での質問になってきます。この変化を敏感に感じ取ってください。STEP1とSTEP3では特に大きな違いを感じるはずです。

組み合わせ実施方法

ＳＴＥＰ２の効果を得たい、すぐにＳＴＥＰ３まで飛び越えたい場合、慣れてきたら、その意図をカバーするように実施することも可能です。ある程度、見込み客が育ってきたり、お茶会が人気になってきて紹介で人が来るようになれば、１と３のメリットを得るように開催することもできます。

興味度、信頼度の高い人（ＳＴＥＰ３の段階）と、初めましての方（ＳＴＥＰ１の段階）を一緒にすると、ＳＴＥＰ３の人の信頼感が初めましての方に伝わります。３の段階の人は、１の段階の人に今までの経験を話すことが楽しいものです。

あなたの代わりに、商品やそのお茶会の良さを熱弁してくれる方も出てくるでしょう。

このような形で、順番通りに実施する以外にも意図を持って組み合わせることで効果を倍増させることもできますよ。

周りにいらっしゃる方があなたやあなたの商品に好意的であれば、実際に体験してもらうのが効果的です。

結果につなげやすい実施スケジュールを立てる

いつまでにどのような結果が欲しいか、最終ゴールを決めましょう。そこから逆算し、実際のスケジュールに落とし込みます。

お茶会は、同じ人に参加してもらうと仮定して、一ヵ月に1、2回が参加してもらいやすいです。興味があるお客様には、あまり遠くない日程で再設定しましょう。

特にセールスを前提にしている場合は、接触回数を増やします。

STEP3までのスケジュールは、約3ヵ月スパンで考えましょう。一ヵ月に2、3回それぞれの意図をクリアするお茶会を実施すると、目標を達成しやすいです。

大人数に対してセールスをしたい場合は、一度に大人数集めるよりも、一回あたりの人数を5名程度にして、5回行った方が効果的になります。

STEP3まで参加してもらいたい人数から逆算して、STEP1、2は目標参加人数より少し多めの方に参加してもらうようにすると良いでしょう。

Column 4

タイプ別コミュニケーション

同じ話をしていても、一瞬で理解し合える人と、一方でなにを言っているのかさっぱり分からず、コミュニケーションをとるのに一苦労する人はいませんか？

そこで、コミュニケーションを円滑にとるために私がしているちょっとした方法をご紹介したいと思います。

コミュニケーションのとり方は、人それぞれです。

例えば、お茶会をして、最後に「今日はどうでしたか？」と聞いたとします。すると、参加者によって様々なリアクションが返ってくるでしょう。

「主催者の方が華やかで、素敵だなと思いました」
「○○という言葉が印象に残りました」
「コミュニケーションのワークがとてもためになりました」

このように抽象的な質問をしたときに、相手がどのように答えるかで、ある程度のタイプ分けをすることができます。

同じ人間だから同じように感じていると思いがちですが、人はそれぞれ優位に働いている感覚（視覚、聴覚、体感覚）が違うのです。

つまり、うまくコミュニケーションがとれない理由は、優先させる感覚が人それぞれ違うからであり、相手のタイプに合わせてコミュニケーションをとるとうまくいきます。

そこで、タイプの見分け方とうまくいくコミュニケーションをまとめてみました。

・視覚タイプ

見分け方…考えるとき、上を向く。イメージ先行型、手を動かして説明する

うまくいくコミュニケーション…絵や図を書いて説明する

・聴覚タイプ

見分け方…考えるとき、目を左右に動かす、音声先行型、人の声、何を言ったか言葉まで覚えている

うまくいくコミュニケーション…何度も口に出して言葉で伝える、文字を書いて説明する

・体感覚タイプ

見分け方…考えるとき、下を向く、話すとき、身振り、手振りを交えて話す
うまくいくコミュニケーション…居心地の良さを大切にするので、まずは共感する。体験やワークをしてもらう方が覚えてもらいやすい

いかがですか?

コミュニケーションをとりにくい人がいる場合は、できるだけこの方法を取り入れて、コミュニケーションをしてみてくださいね。

Chapter 5

愛されコミュニケーション

このChapterでは、お茶会をより効果的に進行するために押さえておいた方が良いコミュニケーション術をお伝えします。

セミナーはコンテンツがないとできませんが、お茶会は、コンテンツがなくてもできる分、「私は起業家としてやっていけるだろうか」、「人と比べて優れているわけじゃない…」など、自分の内面の葛藤と戦ったり、ドタキャンやお茶会開催前のやり取りをしている中でのコミュニケーションの問題が生じたりします。

お茶会でコミュニケーションというと、女性がうまくやっていく「秘伝のたれ」のような役割です。このChapterでは、これさえ押さえておけば、大きく失敗することのないコミュニケーション術についてお伝えします。

戦うコミュニケーション、愛されるコミュニケーション

ビジネスをしていると、周りを蹴落として優位に立とうとしたり、マウントを取ってくる人に出会うことがあります。

自分はすごいでしょう！　と言わんばかりに自己アピールをして、相手に認められようとするコミュニケーションは、愛されるコミュニケーションとはいえません。

お茶会では、信頼度が高く、人として愛されていれば、売れることがあります。その人にお願いしたいと思ってもらえると、商品構成がまだきちんとしていなくても買ってもらうことができるのです。

愛されるコミュニケーションの基本は、相手の話を親身になって聞いてあげることや、穏やかな気持ちで相手の役に立とうという貢献マインドです。

心理学では、信頼関係を作る要素に「傾聴」、「共感」、「受容」があるといわれていま す。穏やかな気持ちで話を聞いてくれる人に対しては、自分のことを受け入れてもらっているようで、本音を話したくなるものです。**愛されるコミュニケーションの基本は人として信頼できるか**どうかといえるでしょう。

話を聞いてもらうための土台というのは、そんな信頼性や雰囲気からできているのではないでしょうか？　人として好かれれば、リピートをしてもらいやすいし、また紹介もしてもらえます。コミュニケーション能力は簡単に育つものではありません。人は人によって磨かれるといわれています。お茶会を重ねるなかで、信頼してもらえるような人間力を養っていきましょう。

ネットで関係性を作るコミュニケーションの注意点

今までこんな経験はありませんでしたか？

Instagram をフォローし合ったり、Facebook で友人になった途端、長文の自己紹介メールが送られてきた。親しくもない間柄の人からネットビジネスのお誘いメッセージが送られてきた。ＳＮＳ上で、上から目線の返信やアドバイス。寝ている時間にイベントの案内メールが送られてきた。

これらは、どれもされて嬉しいことではありません。返信したとしても、「なぜ返信しなければいけないのだろうか？」とさえ感じてしまいませんか？　これらに共通して言えることは、相手の時間を奪っているということです。奪うコミュニケーションは愛されません。

ネット上では、相手の顔や表情は見えません。しかし、ＳＮＳを通してメールを読んでいるのは人です。コミュニケーションは、人間同士のやり取りです。だからこそ、少しだけ想像力を膨らませてほしいのです。

メールの表現が失礼になっていないか、あなたのメールを読んだ人は、このメールを読んで何を感じるかを考えてほしいのです。

私は一人ひとりのコミュニケーションを何よりも大切にしています。どんなに忙しいときであっても、その人に合った言葉を選んでメッセージしています。今、送って良いかどうかも、念のため、相手のＳＮＳを見にいって、確認してから送ります。例えば、お子さんが病気で寝ているときに、浮かれてお茶会のお誘いをするのは、失礼だと思うからです。

気持ちよくコミュニケーションをとっていくために、最低限のマナーは守り、自分がされて不快になるようなことはしないようにしましょう。

自然体でいられる環境を自分で作る方法

起業当初は、何がお客様にウケるのか、人を動かすためのマーケティングやあくまでも相手が良いと思うものを模索します。そのせいで、相手に合わせ過ぎてしまい、自分らしさや、何をしたいかがぶれてしまうことがあります。また、売上のことや、バックエンド商品を売りたい思いが強すぎると、本心がそこにないことが見透かされてしまいます。接していても違和感が浮き出てしまいます。

これから、自然体でビジネスをうまくいかせたいのであれば、楽しむのはもちろんのこと、できるだけ早い段階で、なぜ私はこのビジネスをしているのか、これからどうしていきたいのかなど、自分自身が心の底から思っていることを表現するようにしましょう。

もちろん最初は、ビジネスをうまくいかせたいという思いが強い時期ですが、自分自身のビジネスの展望や、自分の言葉を持っていると、そこにエネルギーがしっかりのっかっていくので、それに対して人が動いてくれるようになります。

穏やかな気持ちでお茶会を開催するための心の準備

穏やかな気持ちでお茶会を開催するには、予測できる限りの問題に備えておきましょう。例えば、人が集まらなかったときどうするかをあらかじめ決めておいたり、リアルお茶会をしようと思っていたけど、お茶会当日は台風がくるかもしれない、その場合はオンラインですると決めておきましょう。

細かいことですが、なるべく時間より早く着くようにする、丁寧に案内をしておくことで当日参加者が迷わないようにする。事前に備えておきたいことは、先にアナウンスしておくなどです。

また、ドタキャンなど、自分がどうしても嫌なことがあれば、先払いにしておくなど、そこをクリアするように動いておきましょう。ただ、厳しくしすぎると参加者が心地悪いこともあるので、そこは気をつけてください。

また、理想が高すぎるとがんばり続けなければいけません。いつも理想ばかり見ていると、ずっと「足りない」ところに目がいき、足りない気持ちのままビジネスをすることになります。人というのは、「足りない」と感じていると、奪ってしまうところがあります。

ですから、目標であれば、なんとかがんばれば達成できるかもしれないという努力目標と、自分自身が十分に達成可能だと思える必達目標を掲げるようにしましょう。そして、必達目標はなるべく早くクリアします。

そもそも達成できる気がしないものは、目標にしないことも大切です。達成できたという気持ちを自分にプレゼントするように、自信を積み重ねていきましょう。

また、感情面での成果も持っておくと良いでしょう。漠然とお茶会をしていると、何が得られたのか分からなくなってしまいます。ですから、ＳＴＥＰ１のお茶会だと「楽しかった」「こんなことを教えてもらった」など、感情面の成果についてもアンテナを張っておきましょう。

リフレーミングで、見たい世界を変える

例えば、集客。

今、できていない状況だと、ずっとできないような気がしてしまいます。ビジネスを始めたばかりの方は特にそんなふうに思いがちですが、決してそんなことはありません。

もちろん、続けていれば、

・今後も集客に困らないだろうか？

・ビジネスを続ける自信がなくなってしまった…
・今、進んでいる方向性はこれで良いのだろうか？

など、いろいろな悩みが出てくるでしょう。

そんなときこそ、うまくいっている人の考え方を取り入れて、新たに自分の考えを捉え直してみてください。リフレーミングとは、ある出来事や物事を、今の見方とは違った見方をすることで、それらの意味を変化させて、気分や感情を変えることです。理解するのが難しいかもしれませんが、まずは、一度その考え方を真似してみると良いでしょう。

お茶会を一度開催すれば、何かメリットがあるはずです。ランチがおいしかった、あの人と仲良くなれたなど、必ず何かあるはずなのです。そこをちゃんと拾えるようになることが大切です。

期待が高すぎるほど、成約がとれなかったりすると、がっかりするものです。しかし、何十万円もの商品を契約してもらうということは、お互いにそれだけ葛藤があるわけです。

うまくいかないときは、まだまだ自分には伸びしろがある、チャンスだと考え、心を柔軟にし、成功者の意見を取り入れて、リフレーミングしてみましょう。

生き残ることができる、女性起業家の共通点とは？

みなさんは、これからどんな起業家になりたいとお考えですか？

今、起業を始めたばかりの方も、ゆくゆくは、

・稼げるようになって、家族を旅行に連れていってあげたい
・いつか事務所を構えたい
・年商○○万円を目指したい
・いつか出版したい！

なんていう目標があるのではないでしょうか？

これらの目標に辿り着くまでに、いろいろなことがあるでしょう。

私がお世話になったベストセラー作家の方がこんなことをおっしゃっていました。

「すごい起業家より、愛される起業家になろう」と。

私も長年、コンサルティングをしていますが、好かれる、愛されている起業家の方が続いていると感じます。

起業している方のなかには、すごい人がたくさんいます。

ですが、すごいとは何でしょう？

・本を何冊も出版しているからすごい
・たくさんの人たちの前で講演会をしたからすごい
・年商○○円だからすごい

これらは、努力なしではなし得ないことなので、すごいことかもしれません。しかし、すごいというのは、時が経てば変わってしまう価値です。

愛されているというのは、不安な面もあるけれど、一緒にいると元気になるとか、そんな女性です。愛されているというのは、その人に対して感情が向いているということ。それは不変です。失敗しても、うまくいってなくても人に好かれているのです。それって、強みだと思いませんか？

起業を始めるとき、多くの人が、かっこいい形や完璧から始めようとしがちですが、完璧でなくても良いのです。大切なことは、お客様のことを考えて動けているか、心が開いているか、そんなことではないでしょうか？

これはビジネススキルではないかもしれませんが、女性起業家にとってとても大切なこと。お茶会にはコミュニケーションを磨くチャンスがいっぱいです。ですから、みなさんは、お茶会を通して愛される起業家を目指してください。

ちょっとした心くばりで、選ばれる人になる

ビジネスをする中で、同じことをしていても選ばれる人と選ばれない人がいます。

なぜ、あの人はあんなに好かれているのだろう?

あの人はなぜうまくいっているの?

そう思ったことはありませんか?


それは、**ちょっとした心くばり**ができるかどうかにあります。

例えば、旅館に泊まったとき、おしぼりと女将からの手書きのメッセージがテーブルの上に置いてあったら…、ホテルの客室に一輪の花が飾られていたりしたら…どうでしょうか?

細やかな気遣いに気持ちがほっこりして、良い気分になりませんか?


最近はすべてが簡素化されてロボットがお客様の相手をすることもありますが、格式のある旅館ほど、手間暇をかけて人が介入するサービスをします。

すべてを真似することはできませんが、それは、私たちのビジネスも同じです。

メールの最後に、あなたを気遣う一文が書かれていたらどうでしょうか？

以前話したことを覚えてくれていたとしたら、嬉しい気持ちになりますよね。

逆に上から目線だったり、何かをコピペしているような文章だったら？

ちょっとしたことですが、私はちょっとした心遣いが選ばれる人になると考えています。

あなたなら、どんなことをするでしょうか？


一人ひとりへのちょっとした心くばりで、選ばれる人を目指してくださいね。

Chapter 6

お茶会のバリエーション

職種別お茶会のテーマアイデア

琉球ハーブ研究家／上原（うえはら）　一美（ひとみ）様

お茶会のテーマ

・琉球ハーブを活用したお茶会

仕事内容

(1) 琉球ハーブを活用した講座を提案
・草木染め
・琉球ハーブ素材入りの石けん作り
・自然の素材でかご作り、季節にあったリース作りなど
・琉球ハーブ料理、ハーブティー、調味料教室
・おすすめ琉球ハーブの紹介など
(2) 個人にあった植物療法の提案

(3)(企業向け)琉球ハーブを活用した商品開発、事業などについての提案と相談

お茶会をやってみてよかったこと

・お客様との距離が縮まり、親しくなれた
・お客様が、興味のある方へ紹介をしてくれるようになった
・私の商品(琉球ハーブ講座)に関しての理解や認識が深まり、お客様の興味関心を高めることができた

助産師、赤ちゃん・子どもに関する専門家、女性の性と生殖に関する専門家/保坂(ほさか)彩未(あやみ)様

お茶会のテーマ

・自分を大切にするお茶会
・自分の性を大切にするお茶会

仕事内容

・オンライン講座(妊活、妊娠、産後、腸活、フェミニンケア)

・オンライン相談・カウンセリング
・出張母子ケア（産後母子訪問、乳房ケア、ベビーシッティング、マッサージ）
・子ども向け・保護者向け性教育

お茶会をやってみてよかったこと

・クライアントの感情ランクが上がり、関係性が深まった
・クライアントが他の講座にも参加してくれたり、口コミをしてくれたことでさらに多くの方とつながりができた
・集客への行動が苦しくなかった

がんばる人が楽になるコーチング／朱（あかね）麻由美（まゆみ）様

お茶会のテーマ

・パワースポット巡りお茶会
・ボイジャータロットカードを使ったセッション、ワークお茶会
・アフタヌーンティーお茶会

・映画鑑賞お茶会

仕事内容

・ライフワークとして、がんばっている人が楽になるコーチング、「ごきげんな人を百万人にする」活動を実施
・年間30回以上の「ごきげんランチ会」、「癒しのリトリート」「ごきげん体質Ⓡ講座」「運を味方にする個人鑑定」、「環境を味方にして、自宅をパワースポットにする講座」など、女性限定有料オンラインサロンを主催

お茶会をやってみてよかったこと

・私がやりたいテーマで毎回企画しており、自分も楽しく、参加者にも必ず何かを持ち帰ってもらうことを心がけているため、いつもやってよかったと思える
・その場の波動が上がるのを感じられることが多くなった

才能発信マイスター、発信の専門家、インスタコンサル・講師／**中村典代様**

お茶会のテーマ

・夢を叶えるお茶会

仕事内容

・インスタ講座を通して、発信をすることで望みを叶えたい女性のサポートを行う

お茶会をやってみてよかったこと

・楽しみながら収益も上がるようになった

お茶会から次のステップを用意するために

お茶会の次のステップとして、セミナーや異業種の方が一カ所に集まりサービスを提供するマルシェ、各ジャンルの専門家が集まって講義をするオンラインサミットなどが

あります。

他には、お客様のターゲットが同じ異業種の方とコラボをするお茶会もおすすめです。例えば、心理カウンセラーが今のあなたに必要なメッセージを伝え、イラストレーターがそのメッセージに合ったイラストを描き、一枚のカードにする。このようにコラボをすることで一つの作品を作り上げるようなイベントも面白いですね。

掛け合わせは様々ですが、良い形でできれば、お互いのつながりをさらに広げることができたり、バックエンド商品を紹介し合ったり、協力関係を築ける人も増えていきます。

また、コラボを続けるのではなく、その回だけゲストで来ていただき、ワークショップやトークショーをするのも楽しいのではないでしょうか。

さらに、オンラインサロン、会員制コミュニティーがあります。

お茶会を主軸にＳＮＳのグループで交流し、ゲストを招いたり、ミニ講座で付加価値をつけることもできます。そうすると、お茶会の集客も困りませんし、有料にすれば、定額収入にもなります。

ボランティア、協働事業の入り口にも

お茶会の考え方を使って、協働できる人との関係性を育み、一緒にイベントや新しい事業（協働創造）を立ち上げることもできます。それらは立ち上げたとしても継続が難しいものですが、継続的に関わってくれる人との関係性作りにもお茶会は役立ちます。

協働事業をするのであれば、最初になぜそれをやるのかということをお互い確認しておく必要があります。というのは、何も決めないで始めたり、最初からお金を投資してしまうと、いざ動いてみてから「この人と合わなかった」、「価値観が一致していなかった」、「もう少し話し合いをしてから事業を始めればよかった」ということが出てくるからです。あらかじめ、価値観、フィーリング、仕事の仕方などをすり合わせておくことがポイントです。

協働事業は営利、非営利でも実施できますが、非営利の場合は、売上を上げるという共通目標がない分、売上ではない部分での報酬、メリットを作っていく必要があります。

そこが何なのかを確認しておかなければいけません。

活動によってどんな社会的意義があるのかなど、意識のすり合わせがしっかりできれば、次の段階です。

実際に場作りをしたときに、来てくれる方に対してどういうふうに接していくかなどの行動指針を一致させましょう。

協働事業・ボランティアの場合、あとから「あれ、あの人なんか違うな」と思うことがあっても、注意しにくいものです。判断基準がない状態で注意すると、大変なことになりかねません。とはいえ、ビジネスでお茶会をするのとは違い、厳しく決めても息苦しくなってしまいます。ですから、ある程度のことを決めることができれば、あとは、一人ひとりが自分で考え、動いていくような部分を作っておく方がうまくいきます。

また、来てくれる方に対して、毎月楽しみにしてもらえるような居場所にするには、様々な工夫をする必要があります。勉強会をするだけでなく、季節のイベントを盛り込むなど、勉強とお楽しみを組み合わせて来てもらうように工夫をしましょう。

活動目的や想いが同じ方と共に開催し続けることで、参加者の居場所になります。そして、できるだけ継続していくことで、本来の目的に近づいていきます。ずっと変わらない居場所があるという価値はとても大きいのですが、主催側としては、ブラッシュアップしていくことが必要です。特に狙いや、参加者との関わりなど、主催側がよく精査していきましょう。

まずは、参加しやすくて、居心地の良さを感じるような場作りをし、そこから役割を担ってくれる方が増えていくよう、参加者との新しい関係性の構築を楽しんでください。スタッフや関わってくれる人との対話を大切に進めていきましょう。

Epilogue

お茶会での経験は あなたのビジネスの力になる

起業を始めたばかりのときは、お客様の要望を想定したり、メール文を考えたり「試行錯誤」することが続くでしょう。

でも、何度も試行錯誤することが、これから長くビジネスをしていくうえで、役に立ち、成功することにつながっていきます。

試行錯誤することができれば、たとえ大変なことがあったとしても、諦めるのではなく、必ず乗り越えていくことができます。

数年前、娘が入院し、看病でなかなか身動きができない中でもお茶会を効果的に使い、ビジネスを成長させてきました。

お茶会をすることでみなさんに救われたのはもちろんですが、これまで、安定してビジネスを続けてこられたのはお茶会のおかげです。

当時の私のように働く時間がなかなか確保できない状況であっても、ハンディキャップがあっても、お茶会を開催することで、ビジネスを続けていけます。起業を始めたばかりであっても、大きく失敗することなくやっていけます。

まだ見込み客がいない人、商品さえ決まっていない人、そんな人でもお茶会を使えば、見込み客を増やしたり、商品作りもしていけるのです。
それは、お茶会にマーケティングやセールスの要素など、起業の成功に必要なものがすべてつまっているからです。

世の中には、起業をうまくいかせるメソッド、最初の売上を作るメソッドというのはたくさんあります。しかし、お茶会のようにビジネスを長く続けていくことができるメソッドというのはあまりありません。長く続けていくために必要なことは、お客様からの信頼であり、ある程度声がかけられる人がいる状態を保っていけるかどうかだからです。お茶会を仕組化しておくと、バックエンドや個別相談に申し込んでいただけなくても、もう一回お茶会に来てもらえます。一度ご縁があった人とはずっと良い関係を続けていけるメソッドになっていますので、無駄がなく、その人のタイミングがきたときに、契約してもらうこともできるのです。

これからもいろいろあると思いますが、続けていけば、どこかで気の合う人との出会いがあったり、チャンスにつながるようなことがあります。もちろん、ビジネスも伸びていくでしょう。だから、そこまでは諦めずに続けていただきたいと思います。

お茶会ほど開催しやすく、可能性に満ちたものはありません。これからもお茶会でぜひあなたのビジネスを大きく開花させてください。

おわりに

娘の入院中、私は非常に孤独で、不安な思いを抱えながら過ごしていました。そんなとき、ＳＮＳでのつながり、ＮＰＯの子育て支援サービス、ドナルド・マクドナルド・ハウスでのサポートに助けられました。

あるお母さんとお話ししているときに、

「大澤さんはどんなお仕事をしているの？」と聞かれました。

私は「起業して自分で仕事をしています」と答えました。

すると、そのお母さんは、「私は銀行に勤めているけど、次に子どもが入院になれば、もう会社を辞めなければならないかもしれない」と涙をためながら言われていました。

こういう方は一人や二人ではなかったです。


介護の場合も同じですが、家族が一人入院すると、それだけで不安な気持ちになり、その上、支えている家族にまで経済的な不安、社会的な不安、多くの不安が大きな孤独とともに重くのしかかってきます。

あれから十数年の月日が経ちましたが、あのときに思ったお金と時間をコントロールできる働き方の選択肢を広げること、誰もが誰かの役に立つ仕事や役割を持てること、それをサポートしていきたいという気持ちは今も変わることはありません。そんな決意と、お茶会に来てくださった方に支えられました。

たった一度きりの人生です。

誰もが幸せになって良いのです。

ぜひあなたも自分らしく生きていく道を見つけてください。

本書を手に取り、最後まで読んでくださったこと、心より感謝申し上げます。

最後に、この本を通してあなたに出会えたこと、これまで私を支えてくださった皆様に厚く御礼申し上げます。

特典

お茶会への第一歩を踏み出していただきたいという思いから、購入者様限定の特典をご用意しました。ぜひ、お役立てくださいね。

お茶会起業　居場所を作れば人が集まる！　購入者特典

これに当てはめれば大丈夫！お茶会告知文テンプレート

https://womanup.jp/p/r/kJJxsUSV

最初はどう書こうか迷う告知文。
文例に当てはめながら書くことで、スムーズに告知文が作成できるテンプレートを無料プレゼントします！

※本特典は著者によるサービスであり、予告なく終了することがあります。

大澤裕子（おおさわ ゆうこ）

居場所作りプロデューサー　株式会社 Refinecollege　代表取締役

起業支援事業、産婦人科クリニック内産後ケアエステサロン事業、講演活動を実施。

起業支援連続講座は通算 10 期以上開催。

家族の闘病生活を支えてきた経験から、事情があっても人生を納得したものにする考え方や、やりたいことを叶えるための仕組み作りを伝える。

有名著者とのコラボ講演会や、チャリティー講演会に登壇。ボランティア団体の代表を務めるほか、Japan 居場所作りプロジェクト発起人としても活動中。

著書に『人が集まる！仕事につながる！ランチ会の始め方・育て方』（つた書房）がある。

【HP】大澤裕子公式サイト
https://www.yukoosawa.com

【Facebook】
https://www.facebook.com/rosequarzhappy

お茶会起業

居場所を作れば人が集まる！

2023年4月24日　初版第1刷

著　者／大澤裕子
発行人／松崎義行
発　行／みらいパブリッシング
〒166-0003 東京都杉並区高円寺南 4-26-12 福丸ビル 6F
TEL 03-5913-8611　FAX 03-5913-8011
https://miraipub.jp　E-mail: info@miraipub.jp
企画協力／Ｊディスカヴァー
編　集／大前沙季
ブックデザイン／池田麻理子
発　売／星雲社（共同出版社・流通責任出版社）
〒112-0005 東京都文京区水道 1-3-30
TEL 03-3868-3275　FAX 03-3868-6588
印刷・製本／株式会社上野印刷所

ISBN978-4-434-31951-8 C0034